사랑 31번지

지승룡의 인문학 사유

열린서원

사랑은 짧음을 길게 기억하는 힘이다.

배스킨라빈스 상호명은 2차 대전 가운데 전쟁의 불안을 달콤한 아이스크림을 시민들에게 만들어 팔던 Mr.Baskin과 Mr.Robbins 두 사람이 한 달 31일을 내내 다양한 맛을 누리라고 1963년부터 배스킨라빈스 31 브랜드로 사용했다.

31개의 사랑이야기가 존재하려는 용기, 인문학의 기쁨이 되기를 소망한다. 나에게 물었다. 너는 지금 누구인가? 가난과 소외, 분주함과 목마름, 이해할 수 없는 상황과 불안 그리고 종종 오는 기쁨과 행복감 가운데서 치열하게 독서하고, 수도사처럼 묵상하고, 미치도록 빠진 일과 열정이 허무도 되고, 신뢰가 복수심이 되는 경험들이 나에게 세 글자인 가장 소중한 답을 주었다.

자/존/감 이다. 자신감은 내가 무엇을 할 수 있다는 것이고 자존감은 내가 소중하다는 것이다. 31번지 사랑의 이름은 '자존감'이란 3글자와 '나'라는 1 글자다.

남녀 간에, 가족, 종교, 학문, 예술, 경제, 정치에서 영화 이상의 실화들을 역사와 인문학에서 만났다. 겨울커피처럼 이야기가 참 듣고 싶은 시간 당신에게 감동이 되고 이어서 콘텐츠까지 되길 마음을 모은다. 글을 쓸 때, 원고를 정리할 때 이번 책은 나에게는 분주하고 몰입한 작업이 아니라 지독한 아니 진정성의 사랑을 만나는 축제였다.

얼마 전 생일 외손녀 다혜가 차에서 황가람의 '나는 반딧불'을
듣더군요. 어린이들이 따라 부르며 유명한 노래가 되었다 하면서...

나는 내가 빛나는 별인 줄 알았어요
한 번도 의심한 적 없었죠
몰랐어요 난 내가 벌레라는 것을
그래도 괜찮아 난 눈부시니까

하늘에서 떨어진 별인 줄 알았어요
소원을 들어주는 작은 별
몰랐어요 난 내가 개똥벌레라는 것을
그래도 괜찮아 나는 빛날 테니까

나는 내가 빛나는 별인 줄 알았어요
한 번도 의심한 적 없었죠
몰랐어요 난 내가 벌레라는 것을
그래도 괜찮아 난 눈부시니까

2쇄를 찍으며 편집진과 회의를 하며 표지를 바꾸자고 했습니다. 위 가사처럼 반딧불처럼 살고 있는 우리가 진정 하늘의 별이니까 하늘의 별을 히말라야에서 늘 한지에 담으시는 강찬모 화백님의 그림이 생각나 연락을 드려 새 표지를 만들었습니다.

　　괜찮아!
　　눈부셨으면 되니까

　　이 책이 알림을 넘어 힘이 되고 기록을 넘어 위로가 되기를 기도합니다. 당신을 만난 것은 나에게 행운입니다.

차례

1. 홍상수 감독의 모친 전옥숙

자신의 영화 촬영소에서 전옥숙

한국 영화 전성시대 전반부 품격 있는 3대 작품으로 김기영 감독의 '하녀'와 유현목 감독의 '오발탄', 그리고 이만희 감독의 '휴일'이라고 말한다. 그런데 '휴일'이란 영화는 낯설다. 영화가 상영되지 않았기 때문이다. 배우 신성일은 출연한 작품 가운데 '휴일'을 최고라 말했다. 영화가 상영되지 못한 이유는 검열과정에서 너무 우울한 분위기라 스토리를 바꾸라는 지시를 거부했기 때문이다. 배우, 감독,

작가도 거부를 했고, 영화가 상영되지 않으면 부도가 날 수 있는 제작자도 거부했다.

1968년에 제작되었던 영화 필름이 2005년에 한국영상자료원에 먼지가 가득한 상태에서 발견되면서, 37년이 지나 부산영화제에서 영화가 상영되었다. 기획 제작한 사람은 전옥숙이다.

영화제작자 전옥숙(1929~2015)이 궁금하다.

전옥숙이 작사한 '생명'을 조용필이 작곡했는데, 80년 5월 광주 혁명을 담은 노래다. 배우 신성일은 전옥숙을 이모라고 불렀고, 김지하도 감히 이모 앞에 오면 무릎을 꿇는다고 했다. 그녀는 학창시절부터 공산주의를 지향한 인물이라고 스스로 말했다.

전옥숙은 여성 최초로 한국영화 제작자란 타이틀도 있지만, 이런 기록을 넘어 영화계 전반을 발전시킨 거목영화인이었다. 그녀는 영화만이 아니라, 인문학, 외교, 정치 각 분야에서 지성과 분석력을 누구도 따를 수 없는 카리스마여인이었다는 것이, 당시 언론인들의 주장이다. 즉 그 시절 인물과 학벌, 실력과 의지에서 타의 추종을 불허하는 최고의 뮤즈였다.

그녀는 사회주의를 지향했다. 이 땅에서 진보적인 리버럴 행동가로 살았다. 아마 이 과정은 백남준과 비슷하다. 백남준도 공산주의자였다. 전향한 것이 아닌 진보적 전위 행동가로 살았다. 그는 적극적으로 인맥을 관리하고 문제를 해결하고 상대를 아는 것을 넘어서 상대를 크게 성공시키는 인물이었다. 인맥관리의 정석이었다.

'전환시대의 논리'를 쓴 이영희 교수는 전옥숙과 가까웠고, 늘 누나라고 부르고 따르며 여러 도움을 받았다. 고은, 이병주 등과 친교했고, YS와 DJ와도 공사석에서 긴밀한 관계를 유지하며 두 사람을 음 양으로 도왔고, 큰 인물을 만드는데 숨은 공로자다. 김근태, 김종인, 패티김, 이주일 등이 따랐다. 그녀는 재야 운동의 대부 장일순과 민청관련자들, 연출가 표재순, 김석원 쌍용그룹 최시중 전 방송 심의위원장, 춤꾼 이애주 교수 등, 정·재·문화·노동계의 인물에게 유익을 주는 사람이었다. 김지하와 조용필은 전옥숙을 어머니라고 불렀다.

그녀는 80년대 조용필을 보살피며 음반작업과 일본진출에 힘을 주었다. 사실 이러한 것이 그녀가 지닌 생각과 사상, 활동과 사업, 그리고 인간관계와 능력인데 본인이 언론이나 글로 노출되는 것을 싫어했고, 세월도 지나 지금은 홍상수 감독의 어머니란 말을 해야 사람들이 그렇군! 한다.

홍의선과 死線(사선)에서 러브하다.
이화여대 국문과 시절부터 공산주의 운동에 눈을 뜬 그녀는 일본 유학시절 공산주의 활동을 했고, 인천상륙작전으로 북이 후퇴할 때 같이 월북하다 체포된다. 의정부지역 헌병대장인 중령 홍의선은 교도소 소장을 겸하고 있었는데, 전옥순이 사형집행을 기다리고 있는 가운데 두 사람이 사랑이 싹터서 사형집행에서 러브스토리로 바뀌며 둘은 결혼을 한다. 홍의선의 친절과 묵묵한 배려와 협력은 전옥순의 활동의 원천이었다.

전옥순은 1929년 경상남도 통영에서 태어나 이대 국문학과를 다니며 사회주의 연극 활동을 한다. 1963년에는 국내 첫 영화 제작 스튜디오인 '은세계영화제작소'를 차렸다. 답십리의 2,000평 부지에 촬영소는 2개의 동으로 녹음실, 현상실, 변전실 등 영화 제작 과정 전반을 자체적으로 해결할 수 있을 뿐만 아니라 직원의 복지를 위한 식당과 커피숍, 욕실까지 갖추고 있었다. 다른 영화 촬영소들이 허름한 창고를 임시로 쓰고 버리는 일이 관행이던 시절, 답십리 촬영소는 전기 공급으로 조명을 마음껏 사용할 수 있었고, 배우들이 충분히 연습할 수 있는 연기실도 있었다. 이 영화소에서 제작된 팔십 여 편의 영화를 통해서 수많은 배우들이 나왔고 정진우, 전범성, 임권택, 이범희, 강대진 등의 감독을 배출되었다.

또 소록도에서 나병 환자 남편과 생활하며 병을 완치시킨 실화를 바탕으로 한 영화에서 김지미 주연 '그대 옆에 가련다(1966)'는 스태프가 모두 여성 영화인으로 구성되어, 남성 중심의 영화계에 큰 반향을 일으켰다. 그녀는 일본어에 능해 문학계간지 '한국문예'를 통해 한국 문학작품을 일본어로 번역해 일본에 소개했다.

이병주의 소설 '남로당'에서 전옥숙을 모델로 한 김옥숙이란 인물이 나온다. 그리고 기회주의 MB정권과 멀어지며, 조용하고 은밀한 삶을 살다 2015년 숨을 거둔다. 그녀를 극진히 내조한 이는 홍상수 감독이다.

그녀는 며느리를 위해 효부문을 세워야 한다고 유언을 남겼다. 홍감독과 김민희 배우와의 관계를 전옥숙은 몰랐다.

영화 '휴일' 내용은 일요일 하루에 벌어진 내용을 담은 영화로 가난한 남녀가 매주 일요일에 돈을 아끼며 데이트를 하지만, 임신 6개월이 되어 낙태를 하는 문제로 갈등하고, 남자 주인공이 돈을 간신히 마련해 수술비를 마련했고, 수술시간이 되자 불안해한다. 여자 주인공이 힘들어하지 말고 술이나 한 잔 하고 오라고 남자에게 말하는데, 남자는 이 말을 듣고 술을 마시러 갔다가 어떤 여인과 관계를 갖는다. 그러다가 교회 종소리를 듣고 정신을 차리고 병원에 왔을 때, 여자 친구는 수술 중에 죽었고 자책한 남자는 원효로 전차 종점에 내려 자신의 한심한 모습을 비관하며, 자살을 암시하는 독백이 영화의 줄거리다. 검열기관에서 이 영화의 마지막 줄거리를 남자가 정신을 차리고, 머리를 밀고 군대 가는 내용으로 하면 허락하겠다고 하자, 전옥숙은 영화 상영을 포기했던 것이다.

어둡게 그려진 영상, 슬픈 이야기는 경제성장에 무익하다는 논리였지만, 영화제작은 바로 그 성장의 시절 감성을 잃고, 인간성을 상실한 게오르규의 25시처럼 신이 허락하지 않은 시간을 고발하려고 했던 것이다. 이로부터 20년이 지난 1988년 올림픽 송으로 〈서울 서울 서울〉이 만들어질 때 희망의 밝은 리듬이 아니라 희망 안에 있는 슬픔을 곡조로 만든 조용필의 노래처럼……

영화필름은 창고에서 먼지를 뒤집어쓴 채 오랫동안 존재하지도 않는 영화로 남게 되었고, 영화사는 당좌가 거래 정지를 당하는 어려움에 처했다. 그러나 2005년 한국영상자료원 창고에서 발굴된 '휴일'은 검열의 손길을 피한 채 원형을 고스란히 보전하고 있었다. 흥행 수익보다 작품을 중시한 제작자의 결심이 새옹지마가 되었다.

망하는 것이 때론 보약이다. 석유처럼 술처럼… 무엇을 하려고 하는 것보다 참고 기다리는 것이 더 생산적이다.

2. '님과 함께' 배우 방성자

방성자

　가수 남진은 목포고등학교 시절 늘 몸에 품고 다닌 여배우 사진이 있었다. 당시 배우의 사진을 소지하면 안 되는 것이기에 남진은 교사에게 여배우 사진을 소장한 것이 걸려서 흠씬 맞았다. 그 사진은 여배우 방성자였다.

　배우가 된 방성자는 원래 박정희 대통령이 졸업한 대구사범학교 출신으로 초등학교 교사였다. 서구적 외모에 1939년생인데 키가 166cm의 우수한 몸매라 영화계에도 소문이 나서 영화 제작자들이 방성자를 삼고초려해서 교사를 그만두게 하고 배우로 데뷔를 시켰다. 1972년1월14일, 새벽 두시에 마포구 성산동에 사는 방성자 집에 도둑이 들었다. 도둑을 보고 심한 공포를 느낀 그녀는 집안에 있던 45구경 권총으로 도둑을 쏘아 도둑이 중상을 당하게 되어 과실치상과 총포법 위반으로 아래 사진처럼 재판정에 서게 된다.

방성자 총기사건은 당시 신문 사회면을 장식했고 사람들의 초유의 관심사가 되어 입방아에 오른다.

그녀는 잠옷을 입고 화장실에 가던 중에 도둑의 위협을 받자 얼른 방으로 들어가 보관한 권총으로 쏘았다고 증언을 하며 정상참작을 변호인을 통해 주장한다. 방성자는 총은 1965년 영화 '전쟁과 다리'에서 사용했던 소총을 대여업체에 돌려주지 않고 계속 보관했다고 말했다. 이렇게 재판이 종료되는 듯 했지만 사건은 검사로 인해 복잡하게 돌아갔다. 재판정에서 검사는 방성자에게 총을 쏘아보라고 하였지만 방성자는 총을 다루지 못하였고, 당시 방성자의 매니저가 방성자의 주장을 뒷받침하는 유리한 증언을 약속하고 증언대에 섰는데 예상과 달리 매니저는 미리 약속한 증언을 거부하고 진실을 증언했다. 총의 주인은 방성자가 아니고 또 방성자는 총을 결코 쏘지 않았다고 말한다.

매니저는 실제 총을 쏜 사람은 그녀와 교제하던 사람 '함기준'이라고 폭탄선언을 한다. 함기준은 이것은 모함이며 방성자를 좋아하던 매니저가 함기준과 사귀는 것에 대한 배신감으로 거짓증언을 한다고 주장했지만 이미 이 진실을 뒤집을 수가 없었다. 방성자는 4살 연하남 함기준을 보호하기로 하고 방성자와 함기준이 말을 맞추었던 것이다.

사건의 전말은 이렇다.

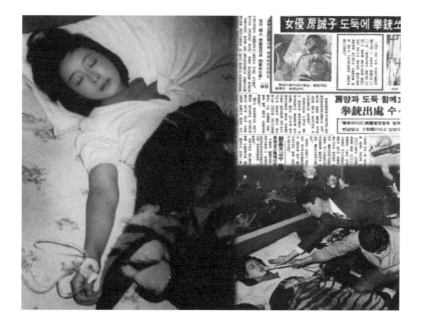

　　함기준은 재벌2세다. 그는 군부대의 건빵을 독점으로 납품하던 동립산업(후에 제일제당)의 창업주 함창희 회장의 자제로 27살 공군사병이었다. 함기준은 미국 유학생으로 이미 미국에 아들이 둘인 유부남이었고, 군복무를 위해 한국에 와서 비행단장을 했던 이양명 공군준장의 관리사병으로 근무를 했다. 그런데 군 일반사병인 함기준은 군에 있지 않고, 유명배우와 이렇게 동거를 하고 있었으니, 군과 동립그룹을 비롯한 큰 문제가 생길 것을 예측하고, 정당방위로 형이 가볍게 나올 배우 방성자가 독박을 쓰기로 했다. 물을 마시러 거실로 나온 방성자의 비명소리를 듣고, 함기준은 그녀의 잠옷을 걸치고,

총을 들고 나와 쏜 것이 진실이었다. 결국 이 일로 이양명 준장은 잠시 구속되었다가 예편하게 되었고, 함기준은 징역3년, 집행유예 2년을 방성자는 징역8개월, 집행유예1년을 선고받는 것으로 사건은 종결된다.

에피소드는 방성자가 살던 전셋집 주인의 아들이 한국일보 기자라, 그 기자의 도움으로 수많은 언론사 기자들은 방성자의 집문을 열었고, 잠을 자고 있던 방성자의 침실에 들어가서, 이불을 덥고 있는 그녀의 이불을 치우며 질문을 한다. 그녀는 함기준을 죽도록 사랑했다고 말한다. 그리고 자신의 이런 행동을 기자들의 양심에 따라 추하게 보지 말고 아름답게 보고 써 달라고 말한다. 이 말이 유행하여 당시 사람들이 만나면 서로 '나를 아름답게 봐 주세요' 라고 말하는 유행어로 회자되었다.

SBS TV에 중국시장을 생각하고 제작된 '조선구마사'란 드라마가 '역사왜곡'과 중국의 조선 동북공정이란 이유로 인해 시청자의 항의로 결국 종영이 되었다. 중국은 고대 조선의 역사와 고구려 고려 조선의 역사와 문화를 인정하지만, 그 모든 것이 거대한 중국 문화란 것이 동북공정이다. 그런데 이런 동북공정의 위험만큼 우리 사회의 보수적 역사관을 지닌 사람들 가운데 친일 업적을 내세우며, 일제 식민지를 정당화하는 사람들이 많이 있음을 본다. 내가 오랜 시간 걸쳐서 조사를 하고, 이런 글을 쓰는 것은 모든 사건에는 어떤 의도들이 있고, 그 가운데 우리가 알고 지향해야 할 역사의 진실을 의미 있게 나누고 싶어서이다.

일부 극우파들이 주장하는 것은 조선말기 조선은 무능했고, 조선의 왕들과 지도자는 부패했고, 또 조선 민중들의 경제적인 부(富)에 기여를 하지 못하고, 민중은 가축처럼 더럽고 처참하게 살았기에 필히 조선왕조는 무너져야 하고, 그래서 일본이 조선을 식민지화 한 것은 조선역사의 발전이란 논리를 내세우고 있다. 이들은 식민지시대의 조선인의 삶이 조선역사에서 가장 잘 살았던 시간이고, 오늘날 번영의 기초가 되었다고 말한다. 이들은 한국이 오늘날 이렇게 잘 사는 것은 기업들의 노력이고, 이런 기업들이 탄생한 것은 식민지 시대 2,700개에 달하는 일본이 만들어준 회사들을 해방이후 美군정의 선정과 이승만정부의 리더십으로 조선인들이 인수를 해서 이렇게 경제가 성장했다는 것이다.

이 글 처음 언급된 건빵 그룹 동립산업을 비롯해 수많은 적산기업들이 당시 일본 회사의 조선 관리인들에게 인수되었다. 역사적으로 보면, 일본이 미국에 패망할 때 조선에 있던 일본인이 주인인 회사는 2,700개가 맞다. 또 수많은 일본인이 소유한 적산토지와 주택들이 美군정에서 15%는 개인에게 불하가 되었고, 85%는 이승만정부로 넘어갔다. 해방이후 독립운동을 했던 분들과 당시 남한인 80%는 적산기업과 재산이 친일파행위를 한 일본 앞잡이인 조선인 개인들로 넘어가는 것이 훗날 일본에 종속되는 것이라 생각하고, 이것을 막기 위해 이런 재산들을 국유화 민중화하자고 주장하는 사회주의를 선호한 것이 美군정 통계에 나온다.

구체적으로 언급을 하면 '쇼와 기린맥주'가 조선 관리인이었던 박두병에게 넘겨져 지금의 두산그룹이 되었고, '조선유지'가 조선 관리인 김종희에게 넘어가 한화그룹이 되었고, '선경직물'이 조선 관리인 최종건에게 인수돼 SK그룹이 되었고, '나가오카제과'는 조선 관리인 박병규에게 넘어가 해태가 되었다. 일본경영주의 노선과 자본에 의지했던 조선인 관리인이란 말이 글에 계속 반복되어서 이 조선 관리인이란 말을 이후에는 생략한다. '오노다 시멘트'는 이양구로 넘어가 동양시멘트가 되었고, '미쓰코시백화점'는 이병철에게 넘겨져서 신세계 백화점이 되었고, '코레카와제철소'는 장경호에게 넘어가 동국제강이 되었다. '조선생명'은 삼성화재가 되었고, '토요쿠니제과'는 동양제과가 되었고, '경기직물'은 김성곤으로 넘어가 쌍용그룹이 되었고, '조선무선'은 김용주에게 넘어가 대한해운이 되었다.

'아사노시멘트'가 김인득에 넘어가 벽산 그룹이 되었고, '경성전기'는 한국전력이 되었고, '조선주택'은 한국주택공사가 되었고, '조선중공업'은 한진중공업으로, '조선미곡창고'는 대한통운이 되고, '조선화재'는 메리치화재보험이 되었다. 또 '쥬가이제약'은 중외제약이 되었고, 기타 LG, 대상, 효성, 신동아, 현대 등이 직·간접적으로 모두 일본인이 남기고 간 기업을 한국 관리인들이 인수한 것이다. 이러다 보니 돈과 기술에 있어 일본을 의지할 수밖에 없었고, 또 이런 일본인 회사를 조선인에게 넘기는 과정에서 정경유착으로 온 부패와 더티한 관행이 경제에 있었다.

요정, 정경야합의 꿀단지로

독립 운동가들을 지원한 기업들은 다 사라지고 친일 세력들이 기업을 다 차지하게 되었다. 동립산업의 함창희는 백낙동, 설경동과 함께 이승만 독재를 지탱하는 경제 지원자였다. 함창희는 S요정을 즐겨 다녔는데, 거기서 이경순이란 기생을 만나 후처로 삼고, 아들도 낳는다. 이후 돈을 받고 나온 그녀는 5.16쿠데타 이후 YS를 소개받고 그와 오랜 기간 동거를 하는데, 그 때 1962년생 가네꼬 가오리란 이름의 YS의 딸을 낳았다고 이경순은 주장한다. YS와 한 때는 무척 가까웠던 이경순이 YS가 정치한량에 불과하고, 거기다가 야당정치인이라 도움이 되지 않는다 생각하고 YS와 헤어지고 그를 멀리한다. 그리고 그녀는 일본에서 윤달용 민단 단장과 결혼을 하며 살다가 윤 단장이 죽고 나서 미국으로 가 생활이 어려워진다.

그런데 그녀는 YS가 예상외로 집권당 대통령후보가 되는 것을 보고, 그때부터 YS에게 집요하게 접근하여 따라 다니며 돈을 요구하고, 만약 자신의 요구를 들어주지 않으면 회고록을 쓰겠다고 협박을 한다. YS는 대통령시절 13억을, 대통령 이후는 10억을 그녀에게 주지만 그녀는 사치와 낭비, 사업실패로 돈을 다 날리고 다시 돈을 달라고 요구하자 이것을 거부하는 YS에게 강금실 변호사를 통해서 자신의 딸 가오리와 YS의 친자 확인소송을 제기한다.

함창희의 후처였던 이경순과 함창희의 아들 함기준 동거녀였던 배우 방성자, 한 여인은 돈에 대한 집착으로, 한 여인은 사랑이란 집착으로 세상을 어지럽힌 사건 속에서 역사의 복잡한 흑 서사를 본다.

3. 노벨문학상을 즐기다. 대지가 가벼워지니까

① 공초(空超) 오상순

공초(空超) 오상순을 만나러 1960년 11월 4일(금) 펄 벅은 명동 청동다방으로 온다. 이미 다른 손님들이 자리를 잡았다. 손님들에게 노벨상을 받은 작가가 오니 양해를 구할 수 있지만, 공초는 공초답게 건너편 서라벌다방으로 옮겨 앉는다. 늘 그러하듯 모든 사람에게 하는 인사 '반갑고 고맙고 기쁘다' 라며 인사를 하고 청동문학 노트를 꺼내 '글 하나를 적으라.' 라고 하자 펄 벅은 "어둠을 불평하기 보다는 차라리 한 자루의 촛불을 켜라"라 적으며 사슴담배 두 갑을 선물한다.

공초가 이렇게 자신을 찾아 온 사람들에게 낙서를 하게 하여 100면이 되면 한 권씩 묶었는데 나중에 195권이 되었다. 무명의 작가지망생들, 일반인들, 그리고 당대 명문가들의 촌철살인이 가득했다.

펄 벅이 한국에 와서 본 장면을 글로 남겼다. 펄 벅은 농부에게 다가가 물었다.

"왜 소달구지를 타지 않고 지게에 짐을 지고 힘들게 갑니까?" 농부는 "에이, 어떻게 타고 갑니까? 저도 하루 종일 일했지만, 소도 하루 종일 일했는데요. 그러니 짐도 나누어서 지고 가야지요." 펄 벅은 미국으로 가서 이 모습이 세상에서 본 가장 아름다운 풍경이었다고 말했다. "서양의 농부라면 누구나 당연하게 소달구지 위에 짐을 모두 싣고, 자신도 올라타 편하게 집으로 향했을 것이다. 한국의 농부는 소의 짐을 덜어 주고자 자신의 지게에 볏단을 한 짐 지고 소와 함께 귀가하는 모습을 보며 온몸에 전율을 느꼈다."

펄 벅 여사는 따지 않은 감이 달려있는 감나무를 보고는 '따기 힘들어 그냥 두는 거냐?'고 물었다가 "겨울새들을 위해 남겨 둔 것"이라는 설명을 듣고 "바로 이거에요. 내가 한국에서 와서 보고자 했던 것은 고적이나 왕릉이 아니었어요. 이것만으로도 나는 한국에 잘 왔다고 생각해요"

② 헤밍웨이

헤밍웨이는 1954년 노벨문학상을 수상한다. 헤밍웨이가 한 이야기로 〈세상이 모두를 파괴해도 대부분의 사람들은 폐허를 딛고 강해진다. 여기서 이길 수 있다면 어디서나 이길 수 있다. 태양은 또다시 떠오른다. 태양이 저녁이 되면 석양이 물든 지평선으로 지지만 아침이 되면 다시 떠오른다. 태양은 결코 이 세상을 어둠이 지배하도록 놔두지 않는다. 태양이 있는 한, 절망하지 않아도 된다. 난 파리의 지붕 위에 서서 내다보며 생각했다. 걱정하지 마라. 넌 예전에도 항상 썼었고, 지금에도 쓸 수 있다. 네가 해야 되는 것은 진실한 글을 쓰는 것뿐이다. 네가 아는 가장 진실한 글을 써라〉

요즘 내가 운동에 마음을 둔 이유다. 글을 쓰는데 엉덩이가 아팠다. 글을 쓰는 것이 몸이 아프다는 것을 알면서 운동을 했다. 밤 산책을 하며 그의 어록을 담는다. 〈넌 예전에도 항상 썼었고 지금도 쓸 수 있다. 네가 해야 되는 것을 진실한 글을 쓰는 것뿐이다〉 이 어록이 가볍게 들리고 잔잔하게 들린다.

'누구를 위해 좋은 울리나'

헤밍웨이는 이 소설을 쓰고서 소설제목을 찾다가 존 던의 기도서를 읽다가 거기에 나오는 '누구를 위해 종이 울리나'를 읽고 소설제목을 정했다. 한 사람이 죽으면 교회당은 종을 쳤다. 아는 사람이 아니더라도 그 소리를 들으면 마을 사람들은 묵상기도를 했다. 존 던은 말한다. "바다에서 밀려오는 파도에 모래 한 알과 작은 흙덩이가 바다로 가면 대지는 가벼워진다."

이 말이 나의 호흡이다. 내가 글을 쓰는 이유다. 나의 글이 대지를 가볍게 한다는 노벨문학상을 선정한 스웨덴의 국화는 방울꽃이다. 방울꽃은 한국도 원산지이다. 방울새가 울 때 꽃이 핀다고 방울꽃이라 이름이 지어졌는데 한국도 스웨덴도 방울꽃이 피는 가을에 꽃말처럼 '만족'한다.

미국과 쿠바가 단교 55년 후인 2014년 12월 국교정상화에 합의했다. 국교정상화를 이루는데 두 분의 영향이 있었다. 한 분은 교황 프란시스코이다. 쿠바인의 70%가 가톨릭이었고, 양국의 비밀협상이 교황청에서 있었다.

또 한 분은 쿠바를 사랑했던 헤밍웨이라고 나는 생각한다. 1961년 헤밍웨이가 죽고, 2004년 헤밍웨이 유족들은 헤밍웨이가 20년간 거주하면서 '누구를 위하여 종은 울리나', '노인과 바다'를 저술했던 쿠바의 수도 아바나에서 20km 떨어진 핀카비히아를 개보수하도록 허락해달라고 부시 대통령에게 건의를 하지만, 부시 대통령은 그렇게 되면 쿠바에 관광객이 몰려 관광소득이 올라가기 때문에 안 된다고 거절한다. 2010년 오바마 대통령에 의해서 헤밍웨이가 거주했던 이곳이 개보수가 될 수 있도록 된다.

한국 최초의 뷔페식당은 을지로 국립의료원 스칸디나비아클럽이었다. 회원제로 운영되던 이곳은 상위직 공무원만 출입이 되었는데 아버지 덕분에 이곳에서 신기한 뷔페시스템을 어린 시절 맛볼 수 있었다. '스칸디나비아클럽' 지배인이었던 김석환씨의 식은 땀났던 에피소드가 있다.

'해병대사령관이 특실로 미8군사령관을 대접하기 위해 들어왔다. 20분 지나도 음식이 나오지 않자 해병대사령관은 총지배인을 불러 호통이 치며 "음식을 왜 방으로 안 갖다 줘! 나가서 일반인들과 같이 먹으라는 거냐. 내 얼굴에 똥칠을 해도 유분수지." 하며 권총을 꺼내 총지배인을 향해 겨누었다. 동등하게 한자리에서 덜어먹는 뷔페식 음식문화를 이해하지 못하는 특권의식에서 빚어진 해프닝이었다.' 1950년 전쟁이 발발하자 스웨덴, 노르웨이, 덴마크, 스칸디나비아 3국은 곧바로 의료진을 보냈고, 전쟁이 끝나도 병원을 운영했다. 이것이 국립중앙의료원 탄생배경이다.

어머니가 접시에 너무 음식을 높이 담아 오시면 아버지가 창피하다며 핀잔을 주시고, 어머니는 아랑곳하지 않았던 두 분의 티키타카도 그리울 뿐이다. 의료진을 보내준 스웨덴, 아바를 배출해 감성을 키워준 스웨덴, 그리고 노벨문학상을 준 스웨덴이 고맙다.

서울교육감 재 보궐 선거를 하러 가는 청년 두 명의 대화가 들렸다. "노벨상 받았는데 투표해야지!" 초등학교, 중학교 학생들에게 이번 문학상 수상이 특별했고 자부심을 준 것 같다. 세계가 한국의 옛 이야기를 관심 갖고, 청소년들이 70년이 지난 여순사건, 제주4·3, 44년이 지난 5·18을 읽는다.

③ 노벨스토리

노벨은 '내가 싫어하는 것은 두 가지다. 돈을 더 벌 수 있으니 투자하자는 사람과 내가 돈이 있으니 나에게 아부하는 사람들이다'

이 이야기를 듣고 지인은 "그것을 어떻게 실천하나?"라고 묻자 "술 담배 안하고 인맥 쌓기도 하지 않는다" 답했다. 알프레드 노벨(1833~1896)은 싱글이었다. 40대에 한 여인을 만나지만 그녀의 사치를 보고 결별하며 싱글을 고집한다. 63세 초 협심증을 발견한 그는 갑자기 사망할 수 있음을 알고 유언을 남긴다. "내 재산 중 유가증권에 투자된 재산을 기금으로 만들어 이자로 군비를 줄이고, 평화를 위해 애쓴 분들에게 상금을 주세요! 내가 만든 다이너마이트가 원 목적을 벗어나 인류를 파괴할 수 있음에 대한 나의 반성입니다. 그리고 평화상은 우리 스웨덴이 침략한 노르웨이 의회가 결정하고, 그 곳 오슬로에서 수상하기 바랍니다."

전 세계에서 1인당 커피 소비를 많이 소비하는 국민들 순은 핀란드, 노르웨이, 덴마크, 룩셈부르크, 아이슬란드, 스웨덴이다. 다 스칸디나비아 국가들이다. 이들은 개인국민소득이 세계 최고다. 소득이 높은 나라가 커피도 많이 마신다. 내가 말하고 싶은 것은 커피

총량인 하드웨어가 아니라 커피와 문화란 소프트웨어다. 이들은 규칙적으로 개인 묵상과 독서 시에 커피를 마신다. 우리 커피 증가량은 세계수준이다. 그러나 종이책 독서량 증가는 없다. 스마트폰도 독서니 문제없지 않겠냐는 말도 있지만 일부 맞는 말이지만 스칸디나비아반도 사람들도 스마트폰을 다 한다. 그런데 종이책 독서량은 한국보다 4~12배다.

요즘 서울의 소리 편집주간을 맡고 있다. 나도 집중해 글을 쓰면서 의미 있는 저자를 찾아 콘텐츠를 만드는 일이다. 충무로에 있기에 종이책에 대한 정보를 많이 접한다. 결론은 망했다! 이거나 이 쪽 일을 사양사업이라고 한다. 어느 분은 남아있는 자는 고집이 아니라 머리가 나쁘기 때문이라고도 농담을 한다. 이번 수상은 목마른 지식산업에 빛 하나가 들어오기 시작한 것이다. 스마트 폰 중독에서 지식의 깊이와 균형, 지식의 내재화로 가는데 도움받기가 되기를 기도한다. 수상소식을 접하며 기도했다. 커피와 함께 명상과 지식산업이 커가는 대한민국이 되도록, 출근길 기분이 좋다. 충무로 사람들의 모습이 밝아졌다.

④ 연세대학교와 한강

숲을 거닐며 이야기 하듯 이 글은 그럴 것 같다. 지인이 전화를 주셔서 축하한다고 하며, 연대 출신은 봉준호 감독과 한강이 있는데

연세대교정 윤동주시비

자신이 나온 고대 출신은 이명*과 오*훈이 있다고 하며 부럽다고 하신다. 나는 농담으로 고대 출신으로 홍준*도 있지 않냐고 하며 웃었다. 물론 김연아와 특히 임은정이 있지만

2014년 세월호 진상을 밝히는 광화문 천막에 오래 있었다. 당시 연대국문과 후배들과 이야기를 나누며 나는 윤동주, 최인호, 마광수, 기형도, 공지영 등 연세출신 문인들에 대한 이야기를 했을 때 국문과 후배들이 한 말이 기억난다. 한강이란 후배가 있는데 한강이 아마 한국문학의 열매를 맺을 것이고 가장 기대되는 후배라고 말했다.

연세대 설립자 언더우드는 영국인으로 미국에서 모든 분야에서

1등을 했는데, 잘 사는 나라가 아니라 빈곤국가, 그것도 일본지배를 받는 조선을 선택한다. 부요한 집안, 우수한 두뇌, 격 있는 학력을 가진 그의 조선 행은 주변을 놀라게 했다. 심지어 약혼자는 언더우드가 조선 행을 결심하자 약혼녀는 조선으로 가면 파혼을 하겠다고 했다. 결국 언더우드는 파혼을 당한 채 조선 행을 선택했다. 언더우드는 세계 최고의 언어가 한글이고, 이것을 세계에 알려야 했고, 조선보부상 청년들이 일본을 능가하는 상인들이 될 수 있다는 비전이 있었기 때문이다. 당시 한국에 온 선교사들의 학력 수준이 약해서 제대로 교육을 감당할 수 없어서 그의 친구인 토론토대학에서 문학을 전공한 게일을 초대한다.

언더우드와 게일은 기독교서회를 만들어 구운몽, 흥부전, 춘향전, 심청전 등 한국 소설을 외국어로 번역하였고, 한국 최초의 영한사전을 만들어서 한국문화를 세계에 알리려는 노력을 하였다. 연세대학교는 1915년 조선기독교대학교란 이름으로 종로2가 YMCA에서 수업을 했고, 상대, 문과대, 이과대, 농대, 신학대 등 5개의 학과였다. 총독부는 언더우드에게 일본어로 수업을 하라고 강요했고, 설립자에게 일본 유학을 요구해 일본으로 가서 교육을 받으며 스트레스를 받고 큰 병을 얻어 죽음에 이른다.

여운형이 신학을 전공하고자 했을 때 주변 목사들이 위험인물이라고 하며 기피할 때, 언더우드는 여운형의 신원을 보장하고 장학금을

종로2가 YMCA에서 시작한 연세대학교

주어 평양신학교를 이수하게 되었고, 여운형은 이후 7년간 지금 인사동에 있는 승동교회에서 목회를 한다. 조선기독교대학교 학생들은 승동교회를 다녔는데, 언더우드사망이후 언더우드의 정신을 이어받기 위해 학생들과 여운형이 1년 이상 준비한 운동이 3.1만세 혁명이다.

주시경의 제자이며 독립운동가 최현배는 조선어학회 사건으로 일본 검사에게 사형구형을 받았고, 재판부는 4년을 선고해서1942년에서 해방될 때까지 구속되었다. 최현배를 비롯해 주시경의 제자이며, 조선어학회 인물들인 김윤경, 정인승, 정태진 등은 연희 전문대학에서 한글과 독립운동에 대한 강의를 했고, 최현배의 연희문과대 제자인 윤동주와 윤동주의 사촌형인 송몽규는 연희대학의 문학을 만들며 독립운동을 했다.

박두진을 비롯한 한국문학 특히 한글의 탁월함을 알린 문인들이 연대 교수를 하였고, 국문과는 아니어도 최인호 작가 등 많은 작가들이 배출되었고, 마광수는 수석으로 입학해서 4년 장학금을 받고 다녔다. 기형도, 공지영, 김별아, 김영하, 김인숙, 백수진 등 많은 문인들이 배출된 토양이 연세문학에 있었다. 한강은 그냥 나온 것이 아니라 '아제아제 바라아제'를 쓴 아버지 한승원 소설가가 있었고, 전통있는 연세문학이 있었고, 이한열이 있었고, 선후배 동지들이 있었다. 최현배 선생님이 1970년에 돌아가셨고, 한강 작가는 1970년에 태어났다. 백년을 잇는 인연이다. 이 글은 연세대학교가 대단하다는 것을 말하는 것이 아니다. 프랑크푸르트학파 튀빙겐학파 시카고학파처럼 연세학파가 있었다는 것을 증언하는 글이다. 한강은 혼자 한 것이 아니라 굴곡의 시대의 희생과 저항한 이들이 있었고, 선후배들이 같이 만들어간 것이다. 그가 대표로 수상 받은 것이지만 세계는 한국을 한국인을 그리고 또 다른 굴곡에 살아내는 우리를 축복하고 용기를 준 것이다.

4. 에로스가 좋다

류시화의 시가 내 입에 중얼거려진다.

물속에는 물만 있는 것이 아니다
하늘에는 그 하늘만 있는 것이 아니다

그리고 내 안에는
나만이 있는 것이 아니다...
그대가 곁에 있어도
나는 그대가 그립다...

역시 생각은 죽음과 삶을 갈라놓지 않았다. 상실감보다 그리움을 더 크게 갖고 있는 살아내는 이 남자는 바람 부는 배에서 그 여자의 손에 키스를 하고 깊은 일체감으로 잠들다. 모두 잊으라는 세상의 충고는 역시 가치 있는 말이 아니라 잡담이 아닐까?

이런 잡담만 있었다면 그리움으로도 충분히 살아가는 아름다운 사랑이 없어질 수 있었기 때문이다. 심령술사는 이상한 사람이 아니다. 상식을 거부하는 꿈의 사람들이다. 이 남자의 이 여자를 그리워함이 실존보다 더 실존인 것을 아는 지인은 심령술사를 소개시켰고 심령사의 집중적인 초혼(招魂)을 통해 잡음이 없는 내면으로 깊이 연인을 만난다.

그 남자: 제임스 타소(1836~1902)

타소 초상화

미남 화가로 주목되지만 정의감으로 프랑스 공산당 활동을 했고, 이 이유로 국외 추방령을 받고 영국으로 가서 초상화를 그려 생계를 이어간다. 결이 다른 초상화는 영국 귀족에 소문을 타고 타소가 그린 초상화와 가족그림을 갖는 것은 귀족부인들에게는 로망이 되었다. 부자가 된 것만이 아니라 타소의 바른 성품은 귀족들만이 즐기는 이너서클에 중심이 되었다. 여러 여인들의 추파에서도 그는 누구에게도 마음을 주지 않았다.

그 여자 캐슬린 뉴턴(1854~1882)

수도원학교를 마친 16세 캐슬린에게 인도에서 사업을 하는 아버지의 명으로 얼굴도 모르는 외과의사 아이잭 뉴턴과 결혼을 명하고 순종한 딸은 영국에서 인도로 가는 배를 탄다. 그러나 남자를 좋아한 적이 없던 캐슬린은 긴 항해에 친절하게 대해주는 멋진 팔리서 선장에게 마음이 갔고 그와 달콤한 정열을 나눈다. 인도에 도착한 그녀는 1871년 1월 3일 결혼식을 올렸고, 결혼식을 마친 후 서로 깊은 이야기를 나눈 어느 날 소설 테스를 안 읽었는지 솔직히 선상에서 있었던 로맨스를 뉴턴에게 말했고, 어쩌면 선장의 아이가 배에 있을지 모른다고 말한다. 그 자리에서 바로 이혼을 당하고 영국으로 가는 길 팔리서 선장은 그녀에게 도움을 주고 자신과 같이 살 수 있다고 말하지만 캐슬린은 거절을 하고 영국으로 돌아 왔다. 영국으로 돌아 온 그녀는 팔리서의 딸 바이올릿(1871~1933)을 낳는다. 영국으로 돌아 온 그녀는 한 남자와 3년 동거를 하고 아이를 낳지만 그 남자는 이 여인을 지켜주지 않았다.

그 남자 그 여자, 이렇게 만나다.

부호가 된 타소의 이웃에 캐슬린의 언니가 살고 있었고 그녀는 언니 집에 자주 놀러 왔다. 평소 친절하고 인상 좋은 언니의 이웃인 것이 든든했던 타소는 22살 여동생이 아버지가 없는 아이와 다시 아버지가 누군지 모르는 여인에게 남자에게 있는 부성본능, 그리고 그려야 하니까 그리는 그림이 아니라 그리고 싶으니까 그리는 모델로 캐슬린을 택했다. 그 문제의 여인이 아닌 천사로 보았다.

"바람이 강하게 부는 날 때문일까.. 그녀 캐슬린을 더 지켜주고 싶었다. 나는 수많은 여인들이 날 좋아하고 내가 혹하는 것을 매력이 있는 것을 알고 있지만, 나를 혹하는 사람은 40살에 만난 이 여자뿐이다. 내가 결혼하지 않았던 것이 이렇게 좋을 수 없다. 한 여인을 있는 그대로 사랑할 수 있으니까! 내가 해 줄 수 있는 것이 돈은 아니지만 내가 그에게 해줄 수 있는 돈이 있다는 것이 다행이다. 내가 그릴 수 있는 기술이 아니라 내가 그릴 수 있는 영혼이 이렇게 흥분시킨다. 그녀와 이 바다로 와서 이 바람에 나는 진짜 캐슬린을 사랑하는 단 하나의 사랑을 이루고 싶다."

캐슬린도 답한다.

"사랑하니까 내 뜻에 순종하라 말하는 아버지와 다르다. 이런 어른이 있다니 나에겐 축복이다. 나의 고백을 나의 파멸로 만든 뉴턴과 다르다. 나의 고백을 이해로 들어 준 이 남자가 좋다. 다시 시작한 사랑을 그냥 떠나 버린 두 번째 남자와 다르다. 이 남자는 나에게 기회를 준다."

로맨스 키스를 나누다. 이 둘이 나눈 이 날의 키스는 이 둘이 이제 아무 것도 두렵지 않은 자신들의 운명이 되었고, 그녀가 죽은 후에 타소는 이 키스를 온 몸으로 기억하고 있었다.

너무 예뻐서일까? 너무 돈 많은 매력적 남자를 만나서 일까? 이혼과 아버지 다른 두 자녀 때문일까? 그 시절 그 사회에서 그녀는

타소가 그린 캐슬린

보호받고 이해되기 보다는 비난이 더 많았다. 귀족의 격과 품이 있던 타소가 이 여인과 지낸다는 것을 당시 귀족들에게 공공의 적이 되었다.

바람이 아닌 사랑, 어울리지 않는다는 사랑을 한다는 이유로... 부자들의 이너그룹에서 그는 다시 정신적 추방을 당한다. 이런 것으로 속이 아픈 캐슬린에게 그는 말한다.

"사람을 더 많이 만나고 그들에게 인정되는 것이 중요하지 않아! 나는 지금 이 순간으로 충분히 행복해 어차피 사랑은 선택하는 것이니까!" 그리고 지금 우리에게 남아있는 그녀의 명작을 그린다. 세상이 그녀를 비판할수록 더 그녀를 예쁘게 그렸다. 그녀의 아이들도 타소를 잘 따랐고 6년을 이렇게 보낸다.

사랑은 짧음을 길게 기억하는 것이다.

불멸의 이 사랑을 누군가 시기하는 지 그녀는 폐결핵에 걸렸고, 그것을 이겨내려고 아편을 복용하고, 그리고 28살, 더 많은 아편을 먹으며 자신의 몸과 영혼을 분리되었다. 그녀와 나눈 첫 키스를 심령술사를 통해서 다시 키스를 한 그는 사람들의 계속된 입방아가 싫었고, 남은 시간 종교에 심취하여 칠백여 종교화를 그렸고, 66세 그녀가 있는 곳으로 간다. 이후 세상은 이 두 사람의 사랑을 인정하고 싶지 않았다. 그래서 이상한 말들로 이 두 사람을 비방하고 이 둘의 사랑은 심지어 가짜라고 말한다. 그러나 한 시대가 지나 이 둘의 사랑은 보기 어려운 불멸의 사랑이 되고 이 글을 통해서도 살아난다.

키스가 줄기세포다

키스는?

우리의 마이크로바이옴을 교환하는 행위로 키스 시 서로에게 있는 팔천만개의 미생물을 주고받게 된다.

이종화 작가(키스)

혼돈이란 카오스의 시대를 이기는 것은 열정의 에로스와 평화와 생명을 잉태하게 하는 프시케가 결합되는 것이다. 에로스는 행복을 잉태할 수 있는 프시케를 만나 초 집중했다.

프시케를 어머니에게 데리고 온 에로스는 결혼을 허락받으려고 하자 에로스 어머니는 프시케에게 4가지 조건부 결혼을 제안한다.

① 땅에서 수확물을 생산해라! ② 옷과 집을 장만하라!

③ 요리를 하라! ④ 이 세 가지를 아름답게 하라!

에로스 어머니는 곱게 자란 프시케가 이것을 감당할 수 없다고 생각했다. 그런데 프시케는 해냈다.

나는 반나절 종로를 걸었다. 여름과 키스를 한 것이다. 최근 3일간 페이퍼로 종로를 여행했는데, 3일 이전에 생각하지 못했던 이십개가 넘는 종로 인문학 걷기 콘텐츠 메뉴를 구성할 수 있었다. 팔천만 개의 마이크로바이옴을 교환하는 키스처럼 내가 콘텐츠를 만들어내는 것이 아니라 상상 이상의 콘텐츠가 이미 있었고 나는 거저 발견했을 뿐이다.

5. 명월관 일패기생 강명화

이 사진은 평양 출신으로 경성에 있던 명월관 일패기생 강명화다. 그녀는 시가에 능했고 사교성이 있었다. 1900년생인 강명화는 경성 대장부라면 다 아는 유명인이고 수심가와 배따라기를 하면 경성 모든 기생가운데 가장 조명을 받았다. 경성의 잔치에 강명화가 없으면 흥행이 안 된다는 평판이 자자했다. 김동인, 나도향, 현진건 등 문인들도 강명화를 찾아다녔다.

1923년 6월 11일로 오후 6시 23살 강명화는 애인과 온양에 여행을 갔고, 행복한 데이트에 취해있었다. 애인 장병천이 외출한 틈에 그가 사준 새 구두를 신은 상태로 독약을 먹고 생명을 놓는다. 외출에서 돌아 온 장병천은 강명화가 정신을 잃어가자 황급히 병원에 데리고 갔으나 강명화는 이미 늦었다고 말한다.

"세상에서 절 가장 사랑해 주시는 파건(장병천의 아호) 전 이미 독약을 먹어 모든 게 틀렸으니, 마지막으로 절 꼭 껴안아주세요!"라고 말하고 숨을 거둔다. 장병천은 1903년 대구에서 났고, 경북관찰사였던 장승원이 할아버지이고, 아버지는 대구 갑부이며, 은행가인 장길상이고, 장길상의 동생은 유명인사 창랑 장택상이었다. 장택상은 수도경찰청장, 외무부장관, 4선 국회의원, 제3대 국무총리를 역임했다. 이런 배경을 지닌 영남 부잣집 아들 장병천은 1922년 신생활사에 자금을 투자했고, 이영, 심상완, 신일용 등과 함께 〈인류 생활의 공존 공영적 진리를 파악하여 민중문화의 건설〉을 목적으로 하는 사상단체 신인동맹회를 결성하였다.

신인동맹회는 1922년 3월에 무산자동맹회가 되었고, 이들이 1922년 12월22일 서울 천도교회본당에 모였는데 1500명이 모였고 〈노동자는 단결하여 이리의 영혼을 가진 자본가의 대항하라〉라는 구호를 내걸었다. 조선노동당, 화요회, 북풍회와 함께 4대 사회주의 그룹으로 1926년에는 정우회란 이름으로 통합된다. 특히 장병천은 집안의 배경과는 전혀 다른 사회주의자로 이론과 투쟁력을 지닌 이영과 친밀하게 지냈다. 일본으로 다시 유학을 떠나는 장병천을 송별하는 자리 친구들은 장병천을 경성요릿집 명월당에 불러 송별회 열어주었는데, 이 자리에서 장병천은 강명화를 만난다.

두 사람은 첫눈에 반했다. 그리고 두려움 없는 사랑을 나눈다. 미남이었고 몇 안 되는 동경 유학생인 장병천은 대학사각모를 쓰고 있었고, 다른 한량손님들과는 달리 장병천의 친구들은 이웃을 아끼는 인류애와 새로운 세상을 꿈꾸는 젊은이들이고, 그 가운데 리더 역할을 하는 병천의 모습에 명월은 마음이 쏠렸다. 십여 명의 친구들과 술을 마시다가 강명화의 인사를 받을 때 장병천은 정신을 잃었다. 이렇게 마음에 훅 오는 사람이 있다는 사실에… 눈치 빠른 친구들은 강명화와 장병천을 같이 앉게 했다. 장병천은 자기도 모르게,

"오늘 밤차로 부산을 거쳐 동경으로 가야 합니다. 그런데 떠나고 싶지 않아요."

"다음 겨울 방학 때 오시면 만날 수 있잖아요."

"겨울 방학까진 너무 길어 그 안에 다시 만날 순 없을까요 오늘 밤에 떠나고 싶지 않아요."

"술이 깨시면 곧 그 말씀은 잊어버리실 거예요."

"그보다 내가 동경에 간다면 명화는 나한테 편지하겠어요?"

"그럼요, 선생님 공부에 방해가 안 된다면야."

친구들은 기차 출발 시간이 되었으니 일어서자고 말하며 강명화와 장병천은 아쉬운 작별을 했다. 그리고 명화는 처음 느끼는 감정에 스스로 놀란다. 병천의 얼굴이 어른거려서 '부잣집 아들이라는 점에 내가 끌린 것일까? 동경의 대학생이라서? 아니다. 이 남자는 한량이 아니다. 내가 사랑할 수 있고 의지할 수 있는 남자다. 정말 동경으로 가서 나에게 편지를 할까? 편지가 오면 답장을 해야지!'

명화는 밤이 깊어도 영롱하게 그에 대한 감정이 있음을 깨닫고 사랑이 열리기 시작했다. 사랑은 이렇게 열렸다.

대문 밖에서 사람 소리가 났다. 인력거 남자가 소리를 낸다.

"아씨, 손님이 찾는데요. 아씨, 손님이 보자는 데요!"

"없다고 그래요!"

"가시더라도 만나고 가시겠다는데요."

사랑이 시작이 되면 여성들은 다른 사람에게 짜증이 난다. 신경질이 나는 걸음으로 나가자,

"장병천입니다!"

"아니……"

"어찌된 일이세요?"

"보고 싶어서…… 그대를 두고 떠날 수가 없어서…."

"믿어지지 않아요. 꿈만 같아요."

"기차를 타고 가다 용산역에서 내렸어요. 명월관과 조선 권번에 전화를 걸어도 명화가 없다고 하기에, 인력거꾼한테 물어서 이 집을 찾았어요."

본가에서는 매월 동경으로 학비를 보냈는데 그 학비는 도로 명화의 집으로 우송되게끔 각본을 짜 놓고 둘은 살림을 차렸다. 장병천은 강명화를 기방에서 나오는 비용을 지불하고 종로 끝자락 창신동에서 동거를 한다. 당시 두 사람의 신분과 사회적 차이에도 큼에도 불구하고 장병천의 강명화에 대한 사랑은 깊어 갔다. 장씨 집안의 강한 반대, 사회적 질시는 장병천과 강명화에게 깊은 상처를 안겨 주었다. 강명화는 자신으로 인해 사회적 출세가 막히는 모습이 고통스러웠고, 장병천을 위해 자신을 던져야 한다고 생각하고, 스물셋 나이에 독한 결심을 옮겼다. 강명화의 죽음을 애도한 화가 나혜석은 이런 글을 남겼다.

"오직 기생 세계에는 타인 교제의 충분한 경험으로 인물을 선택할 만한 판단의 힘이 있고 여러 사람 가운데 오직 한 사람을 좋아할 만한 기회가 있으므로… 조선여자로서 진정의 사랑을 할 줄 알고 줄 줄 아는 자는 기생계를 제외하고는 없다"

나혜석은 추모사에서

"나는 결코 당신을 떠나 살 수 없는데 당신은 나와 살면 가족도 세상도 모두 외면합니다"라는 강명화의 유언을 인용하며 추모했다. 장병천은 강명화의 유언처럼 한강이 보이는 경성 이태원공동묘지에 안장을 시키고 주변을 정리하고 같이 동거하던 창신동 집에서 두문

불출하다가 7월11일 강명화가 자살한 온양여관으로 갔다. 같은 방법으로 자살을 시도했지만 주변에서 낌새를 알아 실패하고 다시 그해 10월에 온양 그 여관에 와서 그녀와 똑같은 방법으로 자살을 한다. 1992년 아르바이트를 하며 어려운 시간을 보내던 시인 류근의 詩를 나눈다.

그대 보내고 멀리
가을새와 작별하듯
그대 떠나보내고 돌아와
술잔 앞에 앉으면 눈물 나누나
그대 보내고 아주 지는 별빛 바라볼 때

눈에 흘러내리는 못 다한 말들
그 아픈 사랑 지울 수 있을까
어느 하루 비라도
추억처럼 흩날리는 거리에서
쓸쓸한 사랑 되어 고개 숙이면
그대 목소리

너무 아픈 사랑은 사랑이 아니었음을
너무 아픈 사랑은 사랑이 아니었음을

어느 하루 바람이
젖은 어깨 스치며 지나가고

내 지친 시간들이 창에 어리면
그대 미워져

너무 아픈 사랑은 사랑이 아니었음을
너무 아픈 사랑은 사랑이 아니었음을
이제 우리 다시는 사랑으로
세상에 오지 말기
그립던 말들도 묻어 버리기 못 다한 사랑

너무 아픈 사랑은 사랑이 아니었음을
너무 아픈 사랑은 사랑이 아니었음을

창신동에서 동거하며 1년을 지낸 장병천과 강명화 어떤 운명일
까? 창신동에 살았던 대구가 고향인 장병천처럼 동향인 김광석은
류근의 시 너무 아픈 사랑은 사랑이 아니었음을 작곡한다. 노래한
그도 아프게 갔고 시인은 술을 마시고 우리도 세상을 아프게 산다.
  강명화 장병천의 이야기가 맘에 남아 어느 뒤풀이에서 첫 잔부
터 난 취했다. 두 사람의 아픈 사랑이 가슴에 남아서..

6. 애국지절 장연홍

인사동 옥션전시장에 평양기생 장연홍의 수영복 엽서가 출품되어 관심을 받았다. 현대사 예인기생가운데 장연홍은 다섯 손가락 안에 꼽힌다. 그녀는 1911년 태어났고, 14살에 평양기생학교에 들어갔다. 큰 키와 하얀 피부, 심미적 자세와 표정은 남자들에게는 연심을 여성들에게는 동경이 되었고 그래서 화장품모델로도 활동했다.

장연홍의 미모를 혹해서 빠진 을사5적 이지용은 1만원이라는 큰 돈을 내며 소실이 될 것을 종용했다. 이에 장연홍은 '나라를 욕보인 더러운 자에게 가느니 차라리 죽음을 택하겠다'며 단호히 거절한 이야기는 소문이 나서 5적 이지용은 개망신을 당한다. 장연홍은 기생으로 있을 때 단 한 번도 남자와 잠자리를 하지 않았던 멘탈이 강하고 자유를 지향한 여성으로 이후 혼자 중국으로 건너가 사업을 했다. 요즘으로 표현하면 일패기생은 콘텐츠고 권번은 대형기획사였고 명월관 같은 곳은 플랫폼이다. 혼자 중국에 간 장연홍은 1인 기획사를 차린 것이다.

　일본이 사실상 공창을 허용하면서 조선의 기생들은 일패, 이패, 삼패로 나뉘게 된다. 유래는 갑오개혁 때 관기 제도가 폐지되자 관에서 풀린 기생들이 자신들을 몸 파는 기생들과 구별하기 위해 나눈 것이다. 일패는 과거의 관기들로서 몸은 절대 팔지 않고 가무를 선보였던 예인(藝人)들이다. 일본에서 건너온 기생은 대부분 3패에 속하는 저질들이었다.

　이능화가 지은 '조선해어화사'를 보면 신라에서 조선에 이르기까지 기방의 풍습절기. 의기, 효기, 예기와 절개를 지킨 일패 기생들의 이야기가 나온다. 매국노 이지용은 호색한이라 장연홍이 아니라 이전 을사늑약이후 1906년에 경남관찰사로 갔을 때 진주기생 산홍에게도 소실이 되어달라고 거금을 준다. '매천야록'을 보면 진주기생 산홍(山紅)은 '세상 사람들이 대감을 5적의 우두머리라고 하는데 첩이 비록 천한 기생이긴 하지만 사람 구실하고 있는데(을사5적은 학부대신 이완용, 외부대신 박제순, 군부대신 이근택, 농상공부대신 권중현, 내부대신 이지용이다.) 어찌 역적의 첩이 되겠습니까'라고 하였고, 이에 분노한 이지용은 노하여 산홍에게 폭력을 행사했다. 그것도 기방 호위남자들을 동원해서 산홍이 첩이되길 거부한 사건은 큰 사건이었다.

양회갑(1884~1961)은 산홍이 매국노의 죄를 나무라며 잠자리를 거절하고 스스로 죽다(姓山紅 數罪賣國 賊不許寢 自死)」라는 시를 지어 산홍을 칭찬했다. 나는 새도 떨어뜨린다는 이지용이 천금을 가지고 와서 첩이 되어 달라고 했는데, 일언지하에 거절했다는 것은 당시 사람들의 입에 회자되기에 충분했다. 매국노에게 당당히 맞선 산홍은 당시 진주기생의 기개를 만천하에 과시한 셈이 되었다. 산홍은 선배 기녀인 의기 논개의 사당인 의기사(義妓祠)를 참배하고 시 한 수를 남겼다. 역사에 길이 남을 진주의 의로움이었다.

그때 결사반대를 외쳤던 참정대신 한규설은 옆방에 감금됐다가 파직됐다. 한규설의 사위는 군부대신 이근택의 아들이었다. 을사늑약 그날, 이근택이 귀가해 "다행히 죽음을 면했다"고 했다. 을사늑약 당시 한규설 딸을 따라갔던 여종이 식칼을 들고 나와 매국노들에게 "내 칼이 약하여 너를 만 동강이로 베지 못해 한스럽다"며 한규설 집으로 달아났다. 이런 결기가 조선인이었다.

1919년 3월 1일 경성에서 외쳐진 만세혁명 18일 뒤에 진주기생조합 50명이 태극기를 들고 경남도청에서 촉석루로 행진했다. 이 가운데 여섯 명이 체포돼 고문을 당한다. 장일영이 말했다. "황소 목은 꺾어도 진주 기생은 못 꺾는다고 하며, 강단은 다른 말로 절개(節槪)와 지조(志操)다. 오동나무가 아니면 둥지를 틀지 않고, 대씨가 아니면 먹지 않는, 봉황 같은 지조다."

임진왜란 제2차 진주성 전투 승전 후 일본군이 촉석루에서 자축 파티를 열었다. 그때 논개가 게야무라 로쿠스케(毛谷村六助)라는 장교를 끌어안고 남강에 뛰어들었다. 진주성에는 그녀를 기리는 의기사(義妓祠)가 있다. 이 의기사에 산홍은 다음과 같은 글을 남긴다.

"역사에 길이 남을 진주의 의로움
　두 사당에 또 높은 다락 있네
　일 없는 세상에 태어난 것이 부끄러워
　피리와 북소리 따라 아무렇게 놀고 있네"

논개는 왜장을 안고 몸을 날려 천추에 꽃다운 이름을 남겼건만, 자신은 일없는 세상에 태어나 피리와 북소리 따라 아무렇게나 놀고 있음을 자조하는 내용이다. 의기사 아래 남강 절벽 바위에는 '山紅'이란 글씨가 새겨져 있다. 그녀의 충정에 감복한 사람이 새겼을 것이다. 대한매일신보 1906년 11월 22일 2면에 '나는 새도 떨어뜨린다는 권세 앞에 당당함은 일개 기생이 아니라, 절대 권력에 용감하게 맞서 싸운 기개 어린 항일투사로 보는 게 마땅하다'고 실었다. 이지용이 산홍을 총애한다는 설은 각 신문에 보도되기도 하는 등 널리 알려졌다.

이후에도 이지용은 산홍에 대한 애정을 버리지 못했는데, 1908

년 2월 마침 지인의 생일잔치에 초대되자, 이지용이 또 다시 보석 반지 등 거금을 주며, 술에 취해 첩이 되어 달라면서 공갈협박을 일 삼았다. 나라와 민족을 위해 의로운 일을 한 기생을 의기(義妓)라고 한다. 진주기생 산홍 또한 "기생 줄 돈이 있으면 나라를 위해 피 흘 리는 젊은이에게 주라"하며 친일파 인사를 꾸짖어 논개로 대표되는 의기의 맥을 이었다.

나는 왜 일패기생에 대한 글을 쓰나 스스로에게 묻는다.

기생이란 소구력 있는 주제를 쓰기 위함은 아니다. 누가 어떻게 계급을 만들고 평가하는 것이 중요한 것이 아니라 양심을 따라 자신 일에 맑음이, 더 넓은 공동체를 향한 정의가 있어야 한다는 이야기 를 일패기생들의 특별한 삶에서 발견되길 바랄 뿐이다. 나는 자영업 자였다. 그러나 이렇게 인문역사학을 탐구하고 더 공의로움에 힘을 모은다.

나는 가장 많은 사람들이 고생하며 살고 있고 가장 많은 사람들 이 종사하는 자영업자들이 생존을 위해서 최선을 다하겠지만, 자영 업자들을 부정 기회주의자들이 아닌 민주시민으로 더 좋은 사회를 만들어가는 동지가 될 수 있다는 소망을 갖고 있다. 검찰정부에 기 대하지 않기에 제안할 것은 없다.

그러나 제 7공화국을 준비하는 민주진영은 서비스를 하는 자영
업자들에게 일정기간 부가세를 낮추어주고, 노동자가 최저임금을
보장 받는 것처럼 자영업자들이 최저임금에 준하는 최저 이익이 보
장되어야 한다고 주장한다. 공무원과 대기업 또 노조가 있는 곳은
보장을 받고 생존하지만, 인생막장에 서있는 자영업자 대부분은 심
각한 위험 상황에 무방비로 지금 있다.

7. 안개가 인도하는 '헤어질 결심'

　오바마는 '헤어질 결심'을 2022년 최고의 영화라고 극찬했다. 마케팅을 통한 전략적 수상이 아닌 영화를 본 관객에 의해 작품성으로 해외에서도 호평이 쏟아졌다. 다른 소재라도 본질적으로 공감되는 스토리와 마음을 건드리는 대사, 영상이 세대와 국적을 넘어 명작이 되었다. 송창식, 정훈희의 듀엣 곡 '안개'도 아련한 매력을 더한다.

　전설적인 록 그룹사운드 '키 보이스'의 대표적 노래는 〈해변으로 가요〉, 〈정든 배〉, 〈바닷가의 추억〉이다. 지금도 불려진다. 1959년에 결성했고, 윤항기, 차중락, 유희백, 차도균, 김홍탁이 멤버였고, 김희갑, 김영광은 곡을 썼다. '키 보이스'와 쌍벽을 이루는 록밴드는 '히 식스'였다. 대표곡으로 〈초원의 빛〉, 〈물새의 노래〉, 〈당신은 몰라〉, 〈사랑의 상처〉 등이 있고, 1969년 김홍탁이 중심이 되어, 조용남, 유상윤, 권용남, 이영덕, 김용중, 최헌, 또 정훈희의 오빠인 정희택이 명맥을 이었고, 2011년에는 재결합 공연도 있었다. 이들이 선무대가 바로 명동에 있던 〈오비스캐빈〉이다.

70년대 명동 오비스캐빈

　'오비스캐빈'은 70년대에 청춘을 보낸 이들은 거의 아는 명동최
초의 라이브카페다. '돌체'가 명동 최초의 클래식다방이라면, '오비
스캐빈'은 팝을 연주한 최초 라이브다방이었다. 이곳에서 김민기,
양희은이 데뷔를 했고, '아침이슬'을 비롯해 익숙한 노래들이 여기
서 나왔다. 서울역에서 노숙을 하던 송창식은 이상벽의 이끌림을 받
아 이곳에서 노래를 했다. 아마 정훈희와 송창식의 인연은 히 식스
멤버인 정희택을 매개로 이어졌을 것이다.

　헤어질 결심을 보면서 영화 '무진기행'과 뮤지컬 '레베카'와 '노
트르담 드 파리' 분위기가 느껴진다. 대사들이 은근히 남는다.

장해준(박해일 분): "내가 품위 있댔죠? 품위가 어디에서 나오는지 알아요? 자부심이에요. 난 자부심 있는 경찰이었어요. 그런데 여자에 미쳐서... 수사를 망쳤죠. 나는요... 완전히 붕괴됐어요. 할머니 폰 바꿔 드렸어요, 같은 기종으로. 전혀 모르고 계세요. 저 폰은 바다에 버려요. 깊은 데 빠뜨려서, 아무도 못 찾게 해요."

송서래(탕웨이): 까마귀야? 내가 너한테 밥 준다고? 그럼 됐어. 나한테 선물을 꼭 하고 싶다면, 그 친절한 형사의 심장을 가져다 주세요. 난 좀 갖고 싶네.

송서래: "왜 자꾸 물어요? 내가 여기 왜 왔는지 그게 중요해요, 당신한테? 그게 왜 중요한데요? 당신 만날 방법이 오로지 이것밖에 없는데 어떡해요"

장해준: "내가 왜 서래 씨 좋아하는지 궁금하죠? 아니, 안 궁금하댔나? 서래 씨는요, 몸이... 꼿꼿해요. 긴장하지 않으면서 그렇게 똑바른 사람은 드물어요. 난 이게 서래 씨에 대해 많은 것을 말해준다고 생각합니다"

송서래: "날 사랑한다고 말하는 순간 당신의 사랑이 끝났고, 당신의 사랑이 끝나는 순간 내 사랑이 시작됐죠"

미스테리 로맨스 이 영화가 끝나는 시간 정훈희와 송창식의 노래가 묘하게 느린 감정을 자극한다. 칸느 영화제 감독상을 받고 국내 영화상도 거머쥔다. 박찬욱 감독과 정서경 작가는 〈친절한 금자씨〉, 〈싸이보그지만 괜찮아〉, 〈박쥐〉, 〈아가씨〉에 이어 6년 만에 〈헤어질 결심〉을 만들었다. 박찬욱 감독은 이봉조 작곡, 김승옥 작사, 정훈희 노래《안개》를 좋아했다. 노래 안개에 나오는 분위기로 영화를 만들고 싶어, 그는 김수용 감독과 김승옥 작가가 쓴 1967년 〈무진기행〉을 보고, 영감을 얻어 안개이외는 볼 것이 없는 무진이란 가상도시랑 대비해 가상도시 이포를 만들고 스토리를 완성했다. 요즘 볼 수 없는 찐 사랑을 담았기에 현실적이라 감동하는 것이 아니라, 현실적이 못해서 관객들이 감동을 받는 것 같다. 정훈희에게 안개란 노래를 주제가로 다시 녹음하자고 하고, 정훈이는 송창식과 듀엣으로 부르면 좋겠다고 제안한다. 송창식은 늙어가는 목소리라는 이유로 사양했지만, 결국 불러서 영화의 여운을 더 짠하게 만들었다. 역주행을 넘어서 세계인들이 부를 수 있는 노래가 될 수도 있을 것 같다.

수중기가 응결되어 하늘이 뜬 현상이 구름이고 지표에 뜬 현상이 안개이다. 이 안개 가사를 쓴 김승옥 작가에 대하여 이야기 하고 싶다. 김승옥 작가(1941년생)는 순천 북초등학교, 순천중학교, 순천고등학교, 서울대학교 불문과를 졸업했다. 고등학교 때부터 소설을 섰고, 22살에는 영화 '이차돈'을 감독한다. 동인문학상 이상 문학상을 수상했고, 1977년도 당시 한국영화 최고의 관객을 동원한 장미희 주연의 겨울여자의 대본을 쓴다. 동아일보에 먼지의 방을 연재하다 광주의 아픔을 보고, 절필하고 이후 세종대 교수를 했다.

골든 글로브를 주관하는 할리우드외신기자협회는 이날 '비영어권 영화 작품상' 부문 후보에 한국의 '헤어질 결심'을 선정했다. 뉴욕타임스의 수석 영화평론가인 마놀라 다기스도 〈헤어질 결심〉을 올해 가장 인상 깊게 본 영화 10편에 선정 했다.

옛 이야기는 미래적이 않다는 가설은 맞지 않다. 옛 이야기가 감동된다면 현재이고 미래이다. 낮은 이야기가 수준이 떨어지는 것이 아니라. 본질을 성찰한다면 이것이 지고함이다.

사랑은 독수리처럼 다가오고 참새처럼 날아간다

밤안개는 화제를 '헤어질 결심' 영화로 옮겨갔고, 나는 명동에 있던 주점 은성과 연결해서 영화와 은성의 인연을 이야기했다. 책과 관련 명동의 옛 기억을 담기위해 최불암 선생과 통화를 했다. 그의 어머니 이명숙여사가 53년~73년까지 운영한 '은성'에 대해 물었다. 매일매일 김치를 정성으로 담그시던 어머니 모습이 그림처럼 그려진다고 하며, 다수 고객들이 가난한 예술인들이라 안주를 시킬 만큼 넉넉하지 않기에 막걸리만 시키고, 서비스로 나오는 김치만 먹는 청

저자의 길 위의 인문학 탐사

년들이 생각나서 김치를 많이 담았다고 한다. 가난을 이해하고 함께한다는 것은 역시 마음이다. 신촌에서 20대를 보낸 나도 친구들과 700원 하던 막걸리 한 주전자에 같이 나오는 물김치만 먹었던 기억이 난다. 문화강국이 되는 담보된 지름길은 가난한 이들과 함께하는 것이 역시 정답이다. 은성에는 천상병, 변양로, 김수영, 박인환, 현인, 조병화, 이중섭, 나애심, 이봉구, 전혜린 등이 단골이었다. 더 가난한 천상병 보리밭 작곡자 윤용하는 은성입구에 서성이다가 지인을 만나면 끼어서 같이 들어왔다. 지금이야 다 유명한 분이 되었지만, 그 가난한 시절 자존심을 부리며 절망하는 것이 아니라, 버티고 살아낸 분들의 소위 이런 개김도 우리에게는 복이다.

주니어 지인들에게 전혜린을 아냐고 물으니 대충만 아는듯했다. 세대가 다르니 전혜린이 익숙한 인물이 아닌 것 같다. 그녀는 1934년 1월 1일 태어났고, 1965년 1월 9일 깊은 밤 충무로 자택에서 수면제를 과다복용으로 31살에 사망했다. 1952년에 경기여고 졸업하고 서울 법과대학에 입학했고, 1955년 독문과로 전과해서 독일로 유학, 1959년 뮌헨 대학교 독문과를 졸업하고, 뮌헨 대학 조교를

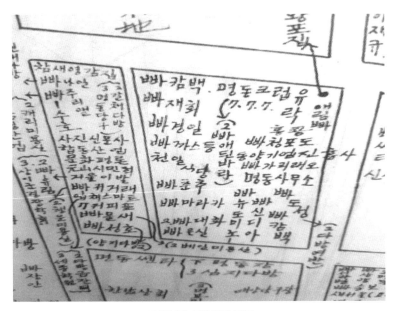

1960년대 명동가게 지도

한다. 겉으로는 엄친아인 것과 달리 그녀는 일주일 동안 물배를 채우며 굶었다고 말했다. 귀국해서 경기여고 교사, 서울대 이대 강사를 거쳐 30살에 성균관대 교수란 타이틀을 갖게 되었지만, 그녀의 삶은 또 다른 고독으로 지극한 나날로 보낸다. 댄디보이 박인환이 빈곤에서 죽음처럼, 인생은 우리가 아는 것과 정반대다.

　65년 1월 9일 그녀의 마지막 하루는 서울대에서 강의를 하고, 3시간 학림다방에 머무른다. 2년 후배 이덕희를 만나 수면제 세코날 40알을 구했다고, 또 새로 나올 책 제목을 정했다고 하면서 약간은 설렘이 있어보였다. 명동으로 와서 은성에 들어온다. 매일 주점 은성에 오는 그래서 은성의 풍경화란 별명을 가진 이봉구와 같이 막걸리에 두부 김치로 먹으며, 가게로 오는 사람들과 긴 시간 수다를 나눈다. 편한 이봉구에게 자신의 아픈 사랑을 이야기 하며 눈물도 흘린다.

전혜린은 이혼을 하고 서울법대 10년 후배이며, 문학 지망생인 '장 아제베도'와 뜨거운 사랑을 한다. 이런 사실을 알게 된 청년 어머니가 찾아와서 무릎을 끓고 아들에게 간절히 호소한다. 이 반대를 이겨내지 못한 청년은 전혜린에게 이별을 통보했다. 전혜린은 답한다. '너는 나에게 독수리처럼 달려왔고, 그래서 나의 마음을 열어놓고 이제 날아가 버리는 너는 참새에 불과하구나!' 이 실연의 아픔은 그의 우울감을 심화시켰고, 그리운 연인을 위해 어느 일요일 삶을 놓을 것이란 글도 남긴다. 그리고 9살 후배인 소설가 김승옥과 이호철을 불러 마지막 술잔을 나눈다. 그날 터덕터덕 명동 겨울 밤길, 지금의 1호 터널 입구인 남학동25번지 집으로 들어간 것이 그녀의 마지막이었다. 그의 글처럼 그의 찬 몸은 일요일 발견이 되었다.

전날 같이 술을 마신 이봉구, 김승옥, 이호철의 황망함이 얼마나 컸을까... 이 황망함으로 어쩌면 김승옥은 무진기행을 썼을 것이고, 그래서 안개란 가사가 나왔고, 그 노래가 박찬욱 감독에게 남아 헤어질 결심이 나왔을 것이란 나의 상상을 이야기 했다. 조금은 쓸쓸해서 인생을 찐하게 살게 된다.

8. 피카소의 뮤즈 자클린

"나는 이 세상에서 가장 아름다운 청년과 결혼했어요. 오히려 늙은 사람은 나였죠" 피카소의 마지막 뮤즈였던 〈자클린 로크〉가 피카소와 결혼할 때 한 말이다. 자클린의 아버지는 그녀 나이 2살 때 가정을 버렸다. 그녀는 평생 아버지에 대한 미움이 있었다. 빈곤으로 공부 기회를 잃어버리고 어려운 삶을 살던 그녀는 18살 결혼을 하고, 딸을 낳고, 아프리카에 가서 돈을 벌려고 노력했지만 실패하고 생활고로 이혼을 한다.

그녀는 발로리스에 있는 마두라도자기 공방에서 일을 배우고 카운터 보조를 하게 된다. 그녀의 이웃에 피카소가 살고 있었다. 피카소는 그때 가장 사랑한 여인과 이별을 했다. 그리고 그 이별의 대상자는 피카소를 떠난 것만이 아니라 피카소를 공격하던 〈프랑스와즈 질로〉로 인해 고통이 심했다. 미국CIA가 질로에게 접근하여 피카소는 공산주의자이며 사생활을 폭로하였다. 미국은 사회주의자 피카소를 두려워했다. 질로를 통해 피카소의 나쁜 이미지를 왜곡해서 사람들이 피카소의 영향을 덜 받게 했던 것이다. 피카소는 이 심란한 상황에서 돌파구로 도자기를 배우는데 심취했다.

자랑할 것, 내세울 것을 없는 자클린은 미모도 아니었다. 그러나 이런 그녀의 선하고 맑은 모습에 피카소는 고향의 코스모스처럼 평화를 느꼈다. 피카소와 그녀는 1973년 피카소가 운명할 때까지 20년을 동행한다. 그녀는 피카소가 그림에만 집중 하도록 배려하고 피카소의 가족들이 서로 화목하게 지내도록 지혜로왔다. 피카소는 그녀를 모델로 하는 그림을 400점이나 그린다. 이 그림들이 수백억에 지금 경매가 된다.

피카소의 8조 넘는 유산과 수천 개의 작품 등을 정리하는 일이 쉽지 않았다. 피카소가 사망하자 이전의 여인들과 가족 등이 벌인 유산 싸움도 긴 시간이 걸렸다. 그러나 자클린은 피카소의 사후 일어나는 여러 가지 상황을 잘 정리하고, 재산이 유족들에게 골고루 배분되도록 하고, 자클린 그녀는 피카소와 살던 집으로 들어가 권총을 꺼내 자살한다.

피카소와 함께 잠들은 이들의 묘는 공개되지 않고 있다. 피카소가 전부였고, 그를 향한 배려만 있던 그녀는 유산에 욕심내지 않는 것이 그녀가 할 일이고, 돈이란 것은 분쟁과 파괴만이라고 느꼈다. 〈프랑스와즈 질로〉처럼 자아를 갖고 피카소와 싸우며 자신의 행복과 권리를 찾은 것도 의미가 있겠지만, 어딘가 아쉽고 미 정보국에 이용당해 반미 공산주의로 몰리는데 기여를 한 것이 아쉽다. 그러나 섬김과 배려로 예술가의 혼 하나만을 지켜간 〈자클린 로크〉의 삶은 특별한 귀감이다.

　피카소는 자클린을 만나고 나서는 여성 집착증을 버리고 작품의 몰입과 마음의 평화에만 집중했다. 그녀가 고맙게 새겨진다. 역시 선함과 순수함은 모든 성공보다 감동적이다.

9. 스콧 니어링, 진보는 작은 일상성으로

신학을 전공했지만 나는 하느님의 명사를 연구하는 것을 신학을 하면서 포기했고 지금도 그렇다. 이유는 알 수 없다는 결론에 이르렀기 때문이다. 대신 하느님의 동사는 늘 성찰한다. 하느님은 나에게 명사보다는 동사로 내가 그를 알게 하시고 동사로 격려를 주신다. 나는 하느님은 참음으로 기다리는 것이라 행동이라고 말한다. 늘 참음으로 기다리는 것이 하늘과 동행하는 것이다. 21일 동안을 기다리지 못하면 병아리가 아니라 곤달걀이 되는 것이다. 부활이전에 십자가의 결론을 내리고, 그 길을 가는 금요일이 중요하고, 부활까지 치열하게 기다리는 토요일이 중요하다. 부활은 금요일과 토요일을 지나야 만나는 것이다.

니어링의 "The Making of a Radical" 이란 자서전을 읽었다.

▨ 당신이 살아서 세상은 조금 나아졌다 ▧

펜실베이니아 버몬트농장에 붙은 현수막이다.

1993년 8월 6일 스콧 니어링(1883~1983)의 100세 생일이었다. 생일 이후 스콧 니어링은 그가 오랜 동안 생각한 것처럼, 15일 동안 음식을 거절하고, 25일 아내 헬렌을 바라보며 "좋아!"란 말을 하고 숨을 거둔다. 아내 헬렌이 읽어준 이 말을 듣고서

나무처럼 높이 걸어라.
산처럼 강하게 살아라.
봄바람처럼 부드러워라.
여름날의 온기를 간직해라.
위대한 혼이 너와 함께 있으리라.

스콧은 사람들에게 부탁했다.

'나는 의사 없이 죽고 싶고, 지붕이 없는 곳에서 죽고 싶고, 단식하다가 죽고 싶고, 죽음의 과정을 섬세하게 느끼고 싶다. 어떤 진정제, 진통제, 연명치료를 해서도 안 된다. 종교인이 장례를 집행하게 하지 마라. 아내와 친구들만이 나의 몸을 지금 이곳이 바라보이는 곳에 뿌려라'

스콧은 1%의 부자로 태어났지만 절약과 간결한 식사, 채식, 설탕을 피한 음식 지칼로리 저지방의 식사와 가공식품을 피하는 모습이 당시 미국인들의 모습과는 많이 달랐다. 그는 반미국적인 사람으로 찍히고, 또 간첩으로 구속도 된다. 그는 자본주의와 전쟁을 반대하고, 근본적인 사회주의를 지향하고, 각국의 혁명을 지원하는데, 많은 노력을 함으로 펜실베이니아 경제학부 교수직에서 해직된다. 아내와 함께 만든 버몬트 농장에서 농사를 지으며, 자연과 살아간 이야기가 인생을 존재로 보지 않고, 성공과 소비로만 보는 미국 상업문화를 저항하며 정면으로 맞섰다.

부활이 성찰에서 오는 결과이어야 하는데, 우리는 부활도 행사가 되어 있다. 다음 우리가 맞이할 진정한 해방은 무엇일까?

스콧 니어링 그가 이렇게 살면서 우리에게 남겨준 준 것을 요약한다.

1. 가방하나에 들어갈 것만 갖고 살자.
2. 검약하자. 소비되는 것들은 소중한 생명이다.
3. 자급자족의 삶을 살자. 직접 4시간 이상 자신의 생계를 위한 노동을 하라 나는 먹고 너는 일한다고 생각말자
4. 하루 4시간은 지혜를 탐구하자.
5. 하루 4시간은 맘을 나눌 수 있는 소중한 사람들과 놀자.

10. 수채화로 살았던 59세 매제 정관식

십여 년 전 어머니, 여동생들과 찍은 사진이다.

왼쪽이 막내 동생인데 23살 때 결혼하고 싶은 사람이 생겼다고 말했다. 가족들 반대가 있었다. 남친은 25살이라 어리기도 했지만 도시에서 살며 돈을 버는 것은 맞지 않는다고 하며,  능내에 내려가 詩와 박공예를 하는 초식남이기에 가족들은 소비성향이 있는 동생이랑 맞지 않는다고 생각했다. 동생은 가족들의 반대가 완강 하자 나에게 '오빠처럼 인문학과 시를 좋아한다'고 하며 그의 자작 시집을 보여주었다.

시골 작은 방 하나에서 시작된 그들의 신혼생활은 예상처럼 작고 부족함이었지만 예상외로 행복한 모습이 이어졌다. 매제는 늘 비주류로 살았고 비주류를 선택했다.

돈 벌어야지! 돈 벌어야지!

이런 주변의 많은 이야기가 걸렸는지 그는 커피와 파스타를 연구하기 시작했고, 어느 날 서울 계동에 '이태리면사무소'를 열었다. 이름이 재미있어 내가 상표등록을 하면 좋겠다고 하자 이태리와 면사무소는 보통명사라 안 된다고 한다. 5평도 안 되는 허름한 한옥 이태리면사무소는 입소문을 타고 손님이 줄을 섰고, 언론에서도 많이 다루었다. 주변은 그의 능력을 인정했다. 나는 매제에게 물었다.

왜 손님들이 파스타를 맛있어하지? 매제는 '파스타는 여성들이 즐겨 먹는데 여성들이 이야기 하며 먹기에 파스타가 식었을 때 맛이 유지되는 요리'라고 하며, 6화구에 중국집처럼 웍질을 하며 면을 높이 올리면 온도의 고조로 면에 기포가 생기고, 그 기포사이로 소스들이 왕복하며 맛이 스며들어 면이 식어도 맛이 유지된다고 하였다.

사람들이 많이 모이자 그는 다시 비주류로 살겠다고 용문산 작은 동네로 옮겼다. 매제가 2024년 여름 몸이 피곤해서 병원에서 검사를 했더니 간암이라고 하고, 말기이며 몸 전체로 전이되어 시한부 판정을 받았다. 간암은 징후가 별로 없어서 말기에 알게 되는 경우가 많다. 위로의 힘을 주고 싶어 그가 있는 용문으로 갔다. 매제는 지금까지 하나님으로부터 받은 감사가 있기에 항암치료를 하지 않고 자연 속에서 평화로 감사로 삶을 마감하겠다고 말한다.

나는 왜 이렇게 되었는가 물었더니 스트레스도 한 원인이었다고

한다. 용문에서 좋은 생활을 하다 가족이 있으니 기본 생활을 해야
하니 가게를 열고 나름 자리를 잡는 시점에 팬데믹이 와서 손님이
줄어들어 스트레스가 쌓인 것도 있을 것이라고 속에 이야기도 들려
주었다. 나는 평소 자영업은 경영노동이기에 최저 임금에 준하는 최
저 생계를 위한 최저 이익을 보장하는 제도가 있어야 함을 더 다짐
했다. 매제는 그날 나에게 용문 곡수 저녁노을이 좋다고 하며 직접
운전하며 특별한 마음과 황홀한 저녁 풍경을 누렸다.

아침 여동생이 전화로 임종할 것 같다고 하며 매제가 들을 수 있
으니 전화로 마지막 인사를 하라고 한다. 평화를 기원했다. 용문으
로 가서 눈인사를 하는데 눈물이 쏟아진다. 더우니 에어컨을 켜달라
고 부탁한다. 여동생의 극진한 간병이 귀했다. 모두가 염려했지만

동생과 매제 두 사람은 35년을 비주류가 주는 소소한 행복을 누렸다. 매제는 그날 저녁 7시 임종했다. 59세에.

빠르고 비교성공에 미치게 달리는 이 사회 속에 비주류의 공간은 너무 작고 숨이 막힌다. 순하게 선하게 소박하게 평화롭게 걸어가는 이들에게 경쟁과 성공주의는 타살을 자극한다.

"오빠로 내게 와주어 고마워, 내가 만난 존경하는 사람이었고, 35년을 같은 마음으로 존경할 수 있게 해주어 정말 행복했어" 여동생이 매제와 영결하며 한 말이 에스프리로 숙연하게 남는다. 두물머리를 참 좋아했기에 그곳에 살던 매제는 서종면에 안장되었다. 수채화처럼 산 매제의 삶을 이 책에 남긴다. 그가 나에게 마지막 운전을 한 것처럼 나는 이렇게 글로 답한다. 장례를 마치고 허허한 마음이 있어 가을 연꽃풍경을 걸었다. 저만치 걸으며 사진 찍는 한 가족의 모습이 예쁘기에 담았다. 식으면 더 맛있는 매제의 파스타 레시피. 그리고 내가 저녁노을을 바라보며 평화에 취하도록 인도한 드라이브 선물이 매제의 노트 시집처럼 벌써 그립다.

11. 김옥엽, 미인의 경제학

특별한 미인이다.

모던 경성, 모던 명동 분위기를 본다. 경성의 혼마치 일대에는 문화주택이란 적산가옥들이 빼곡히 있었다. 전당포, 잡화점과 과자점들이 속속 생겼다. 일대는 수만 명의 일본인들이 몰려살고 일본기생인 게이샤를 둔 일본 요릿집 화월루(花月樓)까지 나타나 장안구경거리가 됐다. 일본 여자를 구경한다고 사람들은 과자점 앞에 줄지어 서 있었다. 구한말 대신을 지낸 송병준(宋秉畯)은 혼마치에 청화정(淸華亭)이라는 일본 요릿집을 차려 운영했다. 메이지마치에 조선은행 건물이 서고 미스코시 백화점, 조지야 백화점이 들어섰다.

일본은 조선 밤 문화도 크게 바꿔놓았다. 임종국 선생이 밤의 일제 침략사에서 '일제는 한 손에 대포와 한 손에 기생을 거느리고 조선에 건너왔다'고 말한 것처럼 일본은 조선의 밤 문화를 창기(娼妓)문화로 타락시켰다. 우리 사회가 술과 여자에 빠질수록 독립운동에 나서지 않을 것이란 계산도 한몫했다. 대한제국은 1895년 갑오개혁 때 관기(官妓) 제도를 혁파했다. 이로써 관기는 국가의 예속에서 해방되어 자유 신분이 되었다. 그러나 한 해 전인 1894년의 청일전쟁 때 일본군이 진주하면서 관기 혁파는 무의미해졌다.

1894년 6월 해군 중장 이도(伊東祐亨)가 선발대를 이끌고 서울에 온 것을 필두로 일본군이 속속 진주하자 일본 거류민회는 묵정동에 대지 70평을 구입해 유곽(遊廓)을 만들었다. 군대 진주와 더불어 유곽을 만드는 일본군의 이런 전통이 일본군 위안부 문제의 뿌리인 셈이다. 러일전쟁으로 일본군이 대거 증파되면서 이 유곽은 8300여 평으로 크게 확대된다. 이 유곽지대가 일종의 공창지대였다. 공창이 확산되는 데 큰 공헌을 한 인물이 일진회 송병준이었다.

천도교에서 발행하던 종합월간지 개벽 48호에는 경성의 화류계란 흥미로운 기사를 싣고 있다. 기자(記者)는 송병준을 색작(色爵), 이토를 색귀(色鬼)라고 표현하고 있다. 송병준이 망국 후 자작(子爵) 작위를 받았다가, 1920년에 백작(伯爵)으로 승진한 것을 그의 엽색(獵色) 행각에 빗대 색작이라고 비꼰 것이다. 송병준은 1900년 10월 일본인 첩 가쓰오(勝女)를 시켜서 요릿집 청화정(淸華亭)을 열었다가, 1906년에 개진정(開進亭)으로 확대했다. 충무로 2가의 개진정은 양식까지 제공하던 요릿집으로서 친일파들의 단골 회식장소였다.

소설가 김동인 기생 김옥엽을 사랑하다

김동인은 잡지사를 주식회사 형태로 하기로 하고, 그동안 사귄 문인들을 발기인으로 해서 창립총회를 하고, 뒤풀이를 하기 위해 명월관(明月館)으로 갔다. 옥엽 저 여인을 보고 어찌 안 반했을까?

"자 우리들의 둥지가 되는 창조주식회사를 위해 건배."

아버지에게 유산을 물려받은 그는 동료 문인들의 커다란 스폰서였다. 동인 주변에 사람들이 늘 모였다. 호스트로 몇 잔의 술을 받아 마신 김동인은 술에 약해 정신을 잃고 잠들었다. 한참을 자고 깨니 옆에 있던 기생이 자기를 보고 있었다. 옥엽이었다. 김동인은 즉시 사랑의 불길이 타올랐다. 옥엽의 쪽진 머리에서 은은히 풍겨나는 동백기름 냄새가 코에 남아 그녀를 더 생각하게 했다. 김동인의 옥엽에 대한 헌신이 시작됐다. 반지를 사서 선물했다. 매일 편지를 전했다. 결국 김동인의 정성에 옥엽의 마음도 움직였고 둘은 사랑을 나누게 되었다.

둘은 김동인이 고향에 갔다. 매일 밤 은밀한 만남을 가졌다. 두 달 쯤 지나자 김동인의 첫 아내인 김혜인은 남편이 바람난 것을 알아낸다. 옥엽을 만나지 않기로 했지만, 이미 옥엽을 향한 마음을 접을 수 없어 경주로 사랑의 도피여행을 가고 서울로 와서 동거를 한다.

두 사람 다 20살이 이제 넘어서였다. 동거를 하며 옥엽은 명월관을 그만두고 화장을 하지 않으며, 요리와 바느질 음식솜씨를 펼치며 행복하게 살았다. 1929년에 쓴 김동인의 자전적 소설 여인에 보면, 두 사람의 마음과 사랑이 절절했다.

그러나 지나친 사치와 도박벽과 낭비벽 거기에 사업실패로 김동인은 유산으로 받은 거액을 다 탕진하고, 빈털터리가 되었고, 가난 속에 김옥엽은 명월관에서 하는 명동 식도원에 나가서 일하고, 김동인은 옥엽이 버는 돈으로 사는 한량이 된다. 김동인은 우울증이 심했고, 분노와 짜증을 주변에 보였다. 돈이 없고 예민한 성격이 나오자 과거의 문학 동지들은 그를 떠났고, 김동인은 친구들의 집을 전전하며 시간을 보낸다.

이 때 김동인을 도운 자는 고경상이었다. 최초 국내 서점인 회동서관을 운영하는 고재홍의 아들이었다. 종종 고경상이 빌려주는 돈이 그의 전부였다. 무기력에 빠진 김동인에게 도움을 주려고 김옥엽이 여러 애를 쓰지만, 김동인은 예민한 성격을 표하며, 옥엽을 힘들게 하고 또 손 지검도 했다. 어린 나이 돈을 직접 벌어야 했던 옥엽에게 김동인은 재기를 하는 것이 아니라, 돈을 빌려 다른 기생들을 만나 동거하고, 옥엽을 힘들게 하고 수시로 잠적하니, 옥엽은 고통의 나날을 보내지만 의리로 지켜준다. 세월이 흘러 옥엽은 배화여전에 들어가 공부를 시작했고, 다시 만나 좋은 관계를 이어가려고 하지만, 결국 다시 다른 여인과 재혼한 김동인의 모습을 보고 둘은 헤어진다. 헤어진 이유는 김옥엽이 일찍 늙어 외모의 매력이 없어졌기 때문이다. 감정이 예민한 사람이 사랑이 길어지면 변덕이 심하게 되고, 마음과 다른 행동을 하게 되고, 상대에게 본의 아니게 피해를 준다. 덤덤하게 예쁘게 살기를 희망했지만 옥엽의 사랑은 이렇게 끝나게 되었다.

12. 폴 뉴먼과 제임스 딘의 브로맨스

폴 뉴먼   제임스 딘

"충분히 사치스럽게 살고 있기에 우리처럼 부유층에 대한 감세는 범죄다. 나는 운이 무척 좋았기 때문에 행운을 타고난 사람들은 불운한 사람들을 도와야 한다." 배우 폴 뉴먼의 말이고 그의 행동이었다.

서부 갱단 〈와일드 번치〉를 이끌었던 '부치 캐시디'와 '선대시 키드 교도소'의 실화를 영화로 만든 것이 〈내일을 향해 쏴라〉다. 원제목은 갱 이름이었는데, 일본과 한국에서는 '내일을 향해 쏴라'로 했다. 제목을 잘 뽑았다. 그 시절 고도성장을 지향한 사회였기에

난 이 영화를 보며 폴 뉴먼을 좋아했다. 메소드 연기(Mothod Acting)를 잘하는 면에서 시작했지만 폴 뉴먼(1925~2008)의 진보지향의 모습에 선호도가 높아졌다. 폴 뉴먼의 진보성향 정치관이 매력 있었다. 50년간이나 FBI 절대 권력자인 후버국장이 가장 싫어한 인물이었다. 그는 평생 사찰을 받았고 나중에 밝혀진 닉슨의 블랙리스트 정적 20인안에 들어가 있었다. 그는 Nixon's Enemies List에 들어간 것을 영광스런 업적이라고 당당하게 말했다.

반전, 인권, 복지, 젠더, 환경, 인종차별 등 모든 면에서 헐리웃의 진보인사였다. 폴 뉴먼은 할리우드의 진보 영화인 핸리 폰다를 이은 배우었다. 특히 그는 빈곤자를 위한 지원에 관심이 많아 직접 식품회사를 만들어 2억 달러 이상 빈곤한 어린이에게 기부를 했고, 자신의 남은 재산 반도 기부토록 했다. 할리우드 영화인 가운데 가장 큰 기부자이고, 그의 사후도 폴 뉴먼 자선단체를 통해 빈민구제 활동을 계속하고 있다. 그가 2008년 83세를 일기로 폐암으로 사망하자 그가 살던 웨스트포트 시민들은 배우가 아닌 '훌륭한 동네 이웃'으로서 그의 죽음을 슬퍼했으며, 마을 주요 건물이 조기를 게양했다. 아카데미상, 골든 글러브, 영화배우 조합상, 칸느상, 에미상 등을 수상했고, 감독도 하며 영화산업을 발전시켰다. 취미로는 자동차 경주에 참가해 수차례 우승했다. 70세가 넘어서도 카레이서로 그가 활동한 것은 그에게 절대 영향을 받았지만, 24살 요절한 제임스 딘에 대한 그리움이었을 것이다. 폴 뉴먼은 제임스 딘에게 메소드 연기를 전수시켰다.

그는 동성애였던 제임스 딘을 따스하게 이해하면서 여배우를 소개한다. 나중 제임스 딘의 유일한 이성사랑이었던 '피어 안젤리'다.

나의 부모와 동갑인 제임스 딘(1931~1955)과 피어 안젤리(1932~1971)두 사람의 러브스토리를 주목했다. 부모님들의 청춘을 읽는 것이기에 제임스 딘은 병으로 일찍 돌아가신 어머니가 깊이 마음에 남아있었다. 외롭게 보내며 견딜 수 있는 힘이 어머니에 대한 그리움과 자신의 내면을 표현하는 것이었다. 그래서 이성교제에 관심이 없었다. 최고의 미남배우에 뜨는 신인스타이기에 여배우들의 러브콜이 있었지만 여성들의 고백에 관심을 두지 않았다. 저항하는 연기와 눈빛에 오히려 남성들이 여성보다 더 좋아했고, 그의 주변에는 동성들만 가득했다. 제임스 딘의 멘토이였던 폴 뉴먼은 딘의 균형 있는 정서를 생각하며, 자신과 같이 출연하며 보아 온 피어 안젤리를 딘에게 소개했다.

가벼운 마음으로 소개팅에 나간 제임스 딘은 순간 안젤리에게 빠졌다. 어머니를 닮아서였다. 어머니의 품처럼 의지가 되었고, 교제를 이어갔고, 딘은 청혼을 하고, 안젤리도 청혼을 받았다. 그녀가 어머니인 엔리카에게 소개하자 뒷조사를 마친 어머니는 두 사람의 결합을 결사반대했다. 겉으로는 제임스 딘이 무교회주의인 소수교

파 퀘이커교도라는 것이지만, 과거 제임스 딘이 동성애였고, 수입 면에서 안정적이지 않다는 것이 주원인이었다. 제임스 딘은 안젤리에게 같이 도망가서 살자고 했지만, 어머니 영향을 절대적으로 받은 안젤리는 딘과 헤어질 결심을 하고 만다.

안젤리는 이후 어머니가 소개한 안정된 수입이 보장된 〈빅 데이먼〉과 결혼했고, 제임스 딘은 이후 우울증이 더 악화된다. 주변 사람들에 따르면 당시 제임스 딘은 '일찍 죽는다. 그래서 나는 가장 아름다운 사랑을 남긴다'고 말했다. 딘은 빅 데이먼과 안젤 리가 결혼식을 하는 날 식장을 맴돌며 오토바이 굉음을 내며 불편한 감정을 표현했다. 이후 딘은 자동차에 관심을 갖고 레이서에 빠지게 된다.

그러나 사랑의 감정이 남은 둘은 서로 만났고 이런 것이 불편한 〈빅 데이먼〉은 딘의 마지막 영화 자이언트 촬영장에 와서 "피어 안젤리와의 관계를 청산하라"고 말한다. 알았다고 말하고 "안젤리에게 잘해주길 바란다"고 하자 빅 데이먼은 불쾌한 표정으로 "내 여자니까 내가 알아서 한다"고 퉁명하게 말했다.

이후 영화 '자인언트' 촬영을 다 마치고 딘은 애마인 포르쉐 500을 타고 시속 180km으로 차를 몰며 달리다 비보호 좌회전에서 직진 하는 차와 충돌해 그 자리에서 즉사한다. 24살에
이후 안젤리는 딘의 죽음은 자신 때문이라는 자책과 그리움에

시달렸고, 히스테리 증세를 보이다가 자살도 시도하고 약물에 의존한나. 이후 안젤리의 삶은 잘 풀리지 않았고, 그럴수록 그녀는 이미 세상에 없는 딘만을 그리워했다.

그녀는 인터뷰에서 '내 인생 최고의 두 가지 후회는 영화 그린맨션에 출연하는 것을 거부한 것과, 사랑을 잃고 나서야 그 소중함을 알게 되었고, 세상에서 가장 아름다운 사랑을 준 딘과 헤어진 것이라고 했다. 그녀는 마약 중독이가 됐고, 서른아홉의 나이에 삶을 놓는 선택을 한다. 그녀는 유서에 이렇게 남겼다.

'내가 사랑했던 사람은 제임스 딘 한 사람이다'

13. 채플린과 월트디즈니의 갈등

찰리 채플린은 '거울은 나의 가장 친한 친구다 내가 울 때 웃지 않기 때문이다'라고 말했다. 월트 디즈니는 美FBI 요원이었다. 월트 디즈니가 생존했을 당시, 그의 밀고로 FBI에 의해 공산주의자로 몰린 이들은 찰리 채플린, '카사브랑카'와 '소유와 무소유'의 주인공 험프리 보가트, 4대째 아카데미상을 받은 존 휴스턴감독, 캐서린 햅번 등 많은 배우들이 피해를 당했다. 당시 할리우드에는 영화제작사라는 권력이 부를 독점하고 있었고, 작가, 음악인, 다수의 스텝과 배우들은 저임금을 받고 생존했다. 인생을 던지고 영화로 들어 온 이들은 가스라이팅인 희망고문을 받으며 버티고 있었기에, 그것이 착취의 구조이고, 인권사각지대라는 것을 덜 자각할 때 먼저 자각하고, 인권운동에 앞장 선 인물이 험프리 보가트 같은 인물이다. 영화제작사들은 인권운동이 커지면 자신들의 이익이 줄기에, 이것을 막기 위해 FBI를 이용해 이들을 공산주의자로 몰고 가는 일에 앞장섰다.

찰리 채플린이 쓰고 감독한 〈모던 타임즈〉

자본주의 사회의 부조리와 기계화 이후 온 대공황 시대의 불편한 사회상을 코믹으로 표현했다. 영화의 배경이 된 1930년대는 세계 대공황의 시기였다. 대공황 이전에는 기계화로 초호황을 누렸다. 기계화로 인간이 수단이 되고 과잉생산으로 모두 일자를 잃게 된다. 먹을 것이 없는 사람들은 식량을 훔치며 채용광고가 실리면 실직자들이 구름떼처럼 몰려든다. 경제가 인류 역사상 최악의 경기 침체로 빠진 원인은 역설적으로 대량생산 때문이었다. 어느 순간부터 상황이 반전되어 이번에는 소비자의 구매력이 생산량을 미처 따라가지 못하게 되었다. 대량생산된 물건이 팔리지 않고 재고로 쌓이기 시작하자 기업이 생산량과 고용을 줄이면서 대공황의 그림자가 드리워졌다. 대량생산이 독이 되어 돌아온 셈이다.

1936년 모던타임즈 영화 내용

시계가 6시를 가르치며 지하철에서 노동자들이 나온다. 사장은 빠르게 생산하라고 계속 지시한다. 찰리는 직업병에 걸려 나사처럼 생긴 것은 뭐든지 조이려는 행동으로 정신병동으로 이송된다. 병원에서 나왔지만 찰리는 해고된다. 떠돈다. 어느 날 우연히 트럭에서 떨어진 빨간 깃발을 주려고 달리다가 시위군중 앞에 서게 되어 공산주의자로 몰려 체포된다. 찰리는 경찰서에서 탈옥수를 잡은 공으로 사면된다. 그래서 보안관 추천으로 일자리를 구하려고 하지만 쉽게 구하지 못하여 떠돌고 경찰서로 가고 싶어 한다. 빈민가에 플렛 고 더드란 소녀가 아버지와 살고 있었다. 실직자라 가난하지만 행복한 부녀였다. 어느 날 아버지가 사고로 죽자 플렛은 빵을 훔치며 살다 경찰에 집히고 찰리는 자신이 범죄자라고 말한다.

이 일로 둘은 가까워진다. 찰리는 백화점 야간 경비원으로 취직했는데 도둑이 들었다. 잡고 보니 찰리와 같이 공장에서 일하던 사람이었고, 둘은 함께 술을 마시고 잠들었다. 다음날 다시 경찰서로 간다. 플렛은 간신히 카바레에 취직해 춤도 추며 인기를 누리고 돈을 벌고 찰리도 이곳에서 일하며 둘은 잘 살 것으로 예측했으나, 과거 혐의로 다시 경찰 유치장에 갇히고, 새벽에 두 사람은 탈출한다. 자막에 나오는 두 사람의 대사가 특별하다.

플렛: 살려고 노력해봤자 무슨 소용이죠?

찰리: 힘내요! 죽는단 말은 하지 말아요. 우린 버틸거예요!

타이틀백의 시계가 상징하듯, 시계에 지배되는 문명과 인간성 무시에 대한 도전과 분노를 표현한 것이다. 체제를 향한 채플린의 거침없는 풍자는 미국 주류 세력의 심기를 건드렸다. 결국 메카시 광풍과 함께 채플린은 1952년 미국에서 추방되는 아픔을 겪어야만 했다. 다른 자본주의 국가에서도 채플린은 시련을 겪었다. 공산주의 영화라며 독일, 이탈리아에서는 상영이 금지됐고, 오스트리아에서는 우연히 주운 깃발을 들고 뛰다가 시위 주동자로 몰리는 장면이 검열에 걸렸다. 한국에서는 영화가 만들어진 지 50여년이 지나서야 개봉되었다.

가끔 강연자들이 월트 디즈니의 성공사례를 들며 꿈을 가지라고 한다. 그러면서 꿈꾸는 것이 가능하다면 그 꿈을 실현하는 것 또한 가능하다. 내 모든 것이 꿈과 생쥐 한 마리로 시작했다는 것을 늘 기억하라는 월트 디즈니의 말을 인용한다. 설교나 강연에 예화가 필요한 것은 인정하지만 좋은 말 인용하지만 말고 그 말이 무슨 뜻인지 깊이 탐구한 이후 말해야 하지 않겠는가!

월트 디즈니에 속았던 시대였다. 월트는 상상할 수 없는 저임금으로 하청을 준다. 홍보할 때 영화 제작자인 자신의 이름만을 내세웠다. 지금도 월트 디즈니가 만든 애니메이션으로만 알지 작품의 감독이나 애니메이터들을 아는 사람은 없다. 월트디즈니, 픽사, 드림웍스 등 애니메이션 제작사 입장에서는 언제 회사를 그만둘지 모르는 직원을 미는 것 것보단 회사가 한 걸로 하는 것이 유리하기 때문이다. 다른 나라도 마찬가지인데 이 안 좋은 흐름을 만든 게 월트 디즈니다. 또한 월트 디즈니의 상징 미키 마우스를 비롯한 디즈니의 마스코트 캐릭터들을 만들어낸 사람은 월트 디즈니가 아니라 어브 아이웍스다.

나중에 아이웍스가 독립하자, 월트는 수단방법 안 가리고 훼방을 놓았다. 독단주의적 성향과 직원에 대한 부당한 대우로 인해 직원들이 스튜디오를 떠났던 것은 월트의 치명적 잘못인데, 사람들이 그만두어도 다시 인재를 찾아오면 된다는 마인드였으며, 신기하게 또 어디선가 인재를 데려와서 작품과 회사는 살리는 신기한 재주가 있었다고 한다. 이렇게 자신 맘대로 해도 일이 잘 풀리니 문제를 고칠 생각이 없었으며, 이런 그의 성향은 죽을 때 까지 변하지 않았다. 미국 반공 선동가 메카시 광풍이 불었을 때, 월트는 이에 적극 동조하고 파업을 하며 자신을 비판했던 사람들, 마음에 안 드는 사람들을 공산주의자로 몰아세웠다.

공개된 정보에 의하면 월트 디즈니는 FBI 최고 실력자 에드거 후버 아래서 25년간 공작원이었다. 그는 그의 라이벌도 공산주의로 몰아 제거시켰다. 바로 찰리 채플린이 대표적 희생자였다. 반미활동 조사위원회 조직을 동원해 척출하였다. 미키마우스의 활동은 채플린의 동작을 모방한 것이었다. 미국 영화 분위기에 환멸을 느낀 채플린은 스위스로 갔고, 20년 동안 미국에 오지 않다가 공로상 수상에 미국지인들이 와서 응원해달라고 해서 딱 한 번 미국을 방문한다. 월트 디즈니는 사회정의에 관심이 많고, 의식 있는 영화관계자들의 내분을 조장하고, 밀고해서 배신하게 하는 못난 사람이었다. 그래서 밀고와 변절로 배신한 배우가 '애수', '쿼바디스', '원탁의 기사',

'형제는 용감했다'에 출연한 로버트 테일러다. 찰리 채플린이 흑백 무성영화를 지향했던 것은 어두웠던 산업화시대에 대한 표현이며, 저항하지 못하는 노동자의 목소리를 역으로 유성으로 담은 것이다. 찰리 채플린의 어록이 애잔하다.

"나는 신과 평화롭게 지낸다. 다만 인간과 갈등이 있을 뿐이다"

14. 제인 폰다 & 봉준호

　2020년 아카데미 시상식에 작품상 시상자로 나온 여배우는 당시 83세인 제인 폰다였다. 그녀는 2014년 칸 영화제에서 입은 옷을 다시 입고 나왔다. 칸영화제에서 앞으로는 옷을 사는 일이 없을 것이라고 약속했고, 그 약속을 지키는 의미로 같은 옷을 입었다. 제인 폰다는 시상식에서 '이제 아카데미상의 흐름과 인식이 바뀌고 있어 기쁘다'고 말하고 아카데미 작품상으로 〈기생충!〉를 호명한다. 그리고 봉준호 감독을 깊이 안아 준다. 진보의 포용이었다. 그녀는 1971

년과 1978년 아카데미 여우주연상을 수상했고, 이후 4번이나 여우주연상 후보에 오른다. 173cm의 건강한 신체조건, 연기력을 지녔고 여배우 최초로 다이어트 비디오를 만들었다. 할리우드 배우 가운데 가장 행동하는 진보성향의 여배우였다. 인종차별과 동성애차별 반대를 주장하고, 미국의 군사대국화와 힘을 통한 국제질서를 반대했고, 베트남전에 대한 미국의 죄를 고발한다. 나중에는 미군전투기를 폭격하는 베트남 월맹군을 지원했다.

라이벌 두 배우

할리우드의 진보성향 상징인물은 '분노의 포도', '전쟁과 평화'의 헨리 폰다(1905년~1982년)이고, 보수의 상징 인물은 '역마차', '수색자', '앨도라도'의 존 웨인(1907년~1979년)이다. 헨리 폰다는 반전주의자로 평화 인권을 지향했다. 그래서 권력의 견제를 받는다. 보이는 탄압도 보이지 않는 탄압을 늘 받았다. 대중들은 누가 더 애국적 헌신을 했을까? 궁금했다. 결국 헨리 폰다였다. 해병을 연기한 존 웨인은 전쟁을 선호하고, 미국의 정복군사정책을 지지하며 선동했지만, 막상 전쟁이 나서 징집이 될 때 계속 병역을 기피하다 면제를 받아 빈축을 샀다. 반면 반전성향의 헨리 폰다는 2차 세계 전쟁이 나자 징집대상 면제인 30대 중반이지만 자원입대하여 참전 영웅이 된다. 그는 이렇게 말했다.

"나는 스튜디오에서 가짜 전쟁을 치르고 싶지 않다"

하사관으로 입대해 중위로 제대하고 1948년부터 예비역 해군장교 역할을 충실히 수행한다. 헨리 폰다는 보수적인 성향의 제임스 스튜어트(1908년~1997년)와는 사상차이로 때론 폭력까지 가는 싸움을 했지만 인생 후반부 가장 친하게 지낸다. 선거가 되면 싸우니 선거 때는 거리를 두고 정치 이야기를 절제하며 마지막까지 우정을 지켰다. 제임스 스튜어트는 192cm의 미남, 프린스턴대학 노블리스 오블리주의 실현, 모범생이었고 군 입대를 위해 신체검사에서 면제에 해당되는 저 체중이 나오자 스테이크를 막 먹으며 다시 체중기에 오르게 해달라고 면접관에게 사정해서 1941년 입대했고 공군 장교로 조종사를 한다.

한국의 보수는 아쉽게 공동체를 위한 지향보다는 자신의 이익을 지향하기에 상당수가 존 웨인처럼 군 문제에 하자가 있다. 손해 보는 것을 하지 않으려는 성향, 그래서 한국 보수는 가치가 아니라 수구이고 이익집단이다. 2024년 타임지 표지에 제인 폰다가 나왔고 타임지가 주는 지구상을 받았다. 헐리우드 영화사를 빛낸 배우이자 반전, 반핵 등 진보적 목소리를 낸 제인 폰다는 80대 중반의 나이에도 여전히 거리에서 불복종 시위에 참여한다. 최근에는 석유 시추 반대 캠페인을 벌이고 있다. 타임지와의 인터뷰 중 "제가 이렇게 기후 운동에 참여하는 이유 중 하나는 86세라는 제 나이 때문인 것 같다.

사람들이 '저 나이에도 하는 걸 봐요! 저 분이 할 수 있다면 나도 할 수 있겠구나'라고 말하는 느낌이 들고 이런 말을 들으면 참 좋다."

미국 극우들이 제인 폰다를 맹렬히 비난하지만 이렇게 그녀는 말한다.

"안타깝게도 기후위기에 대한 책임이 가장 작은 사람들이 가장 큰 타격을 받고 있다. 남반구, 섬에 사는 사람들, 가난한 유색인종들 말이에요. 우리가 절대적으로 멈춰 세워야 하는 비극이다...... 우리는 그 사람들을 체포하고 투옥해야 한다. 이 뒤에 있는 모든 백인남자들. 인종차별이 없다면 기후위기도 없었을 거라는 걸 모두가 깨달아야 한다. 가부장제가 없다면 기후위기도 없었을 것이다. 위계적으로 사물을 보는 사고방식. 백인 남성이 가장 중요하게 여겨지고, 다른 모든 존재는 그 아래에 있다. 역사에 대해 공부를 해보면 인종차별, 성차별, 여성혐오, 동성애 혐오 등 그 어떤 것이든 모든 것이 연결돼 있다는 걸 알 수 있다. 인종차별이 없었다면, 기후위기는 없었을 것이다."

존 웨인은 핵 개발을 찬성했고 영화 '정복자'가 방사능이 노출된 곳에서 촬영하다 암에 걸린 것을 속이고 자신의 암과 방사능과는 관계없다고 거짓말을 함으로 영화에 참여한 220명 가운데 91명이 암

진단을 받았고 46명이 사망했다.

헨리 폰다는 제인 폰다에게 진보가치관을 갖도록 엄하게 교육했다. 어느 시점 제인 폰다는 어머니의 자살로 인해 아버지에 내한 오해를 하고 거리가 생긴 시절이 있었다. 어느 때 한 영화에 부녀가 같이 출현했다. 1982년 상영된 영화 '황금연못'이다. 딸은 아버지에 대한 미움이 컸고 말로 풀지 않는 아버지로 인해 거리감이 커지는데, 어느 날 자신의 아들을 남자로 양육하는 아버지를 보며 마음이 녹아진다. 드디어 딸은 아버지에게 "아버지 이제 우리 친구가 되어야"라는 대사를 연기하다 제인 폰다는 이 대사에 가슴이 뭉클해졌고 대사처럼 아버지 헨리 폰다에게 "우리 친구가 진짜 되자!"고 화해를 먼저 청한다. 상복이 없었던 헨리 폰다는 이 영화에서 첫 아카데미 남우주연상을 받고, 부인역할의 한 캐서린 헵번은 4번째 여우주연상을 받는다. 헨리 폰다의 마지막 영화였고, 76살에 받은 아카데미 남우주연상 무엇보다 진보의 아버지와 진보의 딸로 대를 이어가며 영화인으로 살아간 이들이 멋있다.

진보여 정진에 전진하라!

제인 폰다가 던진 말에 진보의 힘을 얻는다. 그녀의 어록으로 글을 마치며, "도전이 어설픈 것에 문제를 느끼지 마라! 승리가 중요한 것이 아니다. 도전은 늘 어설프고 시작함이 최고의 미덕이다."

15. 48살에서 25살을 보다

① 영화 애수(哀愁)가 대한극장을 만들다

40년 상영된 영화 '애수'는 한국에서는 1952년에 부산에서 상영된다. 미군의 폭격으로 서울을 상실한 문인 예술인과 청춘들은 애수 영화를 보며, 부산 남포동에서 술 한 잔 하며 상실한 시대를 위로받았다. 이 영화를 본 김형민은 서울시장이 되는데, 서울시가 자금을 대고 20C폭스사가 건축한 영화관을 만들기로 하고, 필동에 있던 가수 이난영의 집터를 매입하고 대한극장을 짓고, 1956년 4월20일 첫 상영을 했다. 대한극장은 이제 단순한 멀티플렉스를 넘어 관객 참여, 극장인 이머시스 공연장으로 바뀐다고 한다. 충무로에 남은 단 하나의 극장이 없어지는 것이 아니라, 새로운 공연욕구를 채우는 극장이 된다는 것이 반갑고 기대된다. 애수의 남녀 주인공인 로버트 테일러와 비비안 리는 자신들이 출연한 최고의 영화 하나를 꼽으라고 했을 때 똑같이 애수라고 답했다.

② 로버트 테일러와 최승희

로버트 테일러는 무용가 최승희의 공연을 보고 감동받고 편지를 보내 같이 배우로 공연하자고 했다. 그는 할리우드 영화관계자들에게 최승희를 소개했다. 찰리 채플린, 존 스타인 백, 케리 쿠퍼도 그녀의 LA 공연을 보고 함께 일하고 싶어 했다. 로버트 테일러는 할리우드 어느 여배우보다 생각과 기초가 단단한 최승희에 대하여 진심을 보였다. 로버트 테일러와 최승희 두 사람 인생을 보니 1911년 동갑이고 또 1969년 58세에 같이 사망했다. 태평양전쟁으로 최승희 배우의 할리우드에 진출은 연기되고 최승희가 월북함으로 매카시광풍이 부는 반공분위기로 무산이 되었다. 최승희는 170cm의 키로 동양인 장신이지만 몸 선이 좋았고, 서양에서도 통할 수 있는 매력적인 춤을 추었고, 예술혼이 깊었기에 그녀가 만약 할리우드에 진출했다면, 아카데미상을 탄 최초의 동양인이 될 수 있었을 것이다.

③ 매카시광풍의 다른 피해자 로버트 테일러

로버트 테일러는 따뜻한 마음을 지녔고 호기심이 많았기에 영화제작사의 이익이 아닌 저임금으로 생존하는 영화인들의 복지를 생각하고 공산주의에 대한 애정이 있었다. 그러나 월트 디즈니는 테일러를 FBI에 공산주의로 밀고하고, 반공 광풍에서 살아내야 하는 테일러는 전향을 하게 된다. 영화인이 가져야 할 자유와 따스함이 유배된 시간 매카시즘의 테일러는 또 다른 희생자였다.

④ 비비안 리 양극성장애로 고통 받다.

내가 아는 범위에서 파란만장한 삶과 정신적 고통을 겪은 여배우는 비비안 리다. 연극배우로 다져졌고 순수함과 용기, 솔직함을 지닌 비비안 리는 양극성 정동장애란 질병과 치열하게 싸우다 생을 마감했다. 이 병에 걸린 환자 중 25%가 자살을 시도하고 30~40%는 자해를 한다. 인구가운데 0.5%가 이 증세를 가지고 태어난다. 특히 그녀는 급속 순환형 양극성 정동장애로 하루 담배 4갑을 피어야 안정되었고, 알콜 의존도가 높고, 몽유병을 앓고 있어서 옷을 걸치지 않고 외출한 치매가 왔다. 유명인 가운데는 처칠, 에디슨, 반 고흐, 뭉크, 멜 깁슨 루소, 버지니아 울프, 한국가수로는 김광석이 여기에 해당된다고 할 수 있다. 사도세자도 양극성 정동장애라고 정신의학을 하는 분들은 말한다. 연예인이나 유명인 혹은 우리 주변에서 만나는 사람들에 대하여 조금 다르면 위험하게 보고 거리를 두고 파멸로 그들을 공격하는 것이 아니라 전인적 전문적으로 보는 따스함이 문화 휴머니즘이다.

영화 애수로 돌아와서 48살이 보는 25세의 기억이 이 영화의 주제다. 원 작가의 경험이 바탕이 된 연극이 스토리가 조금씩 발전하면서 영화스토리가 되었다. 1940년대 시대를 생각하면 스토리가 탄탄하고 흑백영화지만 영상미가 뛰어나다. tvN 드라마 졸업을 보는데 자막이 있고, 지난 과거는 흑백화면으로 바뀐다. 밥 잘 사주는 예쁜 누나를 연출한 안판석이 만든 드라마라 두 드라마가 비슷한 느낌을 준다. 정려원과 위하준이 10년 연상연하지만 드라마의 내용도 그렇고 몰입감을 준다. 이 드라마를 보다 애수 영화를 이렇게 이야기 하고 있다.

영화 애수 스토리

원 제목은 Waterloo Bridge다.
남자 주인공 로이 크로닌(로버트 테일러 분)
여자 주인공 마이러 레스터(비비안 리)

영국이 독일에 선전포고를 한 1939년 9월 어느 저녁, 안개 낀 워털루 다리위에 지프가 멎는다. 로버트 테일러 대령이 내린다. 그는 전선으로 부임하기 위해 워털루 역을 향해 가는 중이었다. 단정한 매무새 기품이 있지만 쓸쓸한 표정이 어리어 있다. 48살이 독신 군인이다. 차에서 내려 워털루 다리 난간에 기대어 호주머니에서 작은 마스코트를 꺼내든다. 일생에서 잊을 수 없는 마스코트. 사랑의 추억에 빠진다. 제1차 대전. 전쟁 소용돌이가운데 워털루 다리 위를 산책하던 25살의 대위 로버트 테일러는 공습경보로 사람들과 지하철도로 피신한다. 내일로 다가온 부대 귀환을 앞두고 있었다. 그때 그는 핸드백을 떨어뜨려 쩔쩔매고 있는 아가씨를 도와주고 같이 대피한다.

대피소 안에서 두 사람은 자연스럽게 가까워진다. 비비안 리는 발레단의 무희였다. 공습이 해제되고 밖으로 나오자, 비비안 리는 테일러가 전선으로 출정한다는 말을 듣고서 "행운이 있기를 빈다"며 마스코트를 쥐어주고는 사라진다. 그날 밤 극장 무대에서 춤을 추고 있던 비비안 리는 객석을 바라보다 테일러의 얼굴을 보고 놀란다. 놀라움은 기쁨으로 변하여 설레는 가슴을 두 사람의 만남이 시작된다. 테일러는 비비안 리에게 쪽지를 전하지만 완고한 극장 직원에게 발각되어 야단을 맞지만 친구 버지니아 필드의 도움으로 몰래 만난다. 싹트기 시작한 사랑은 다음날 테일러의 청혼으로 이어지나 군인인 테일러의 일정이 갑자기 바뀌는 바람에 결혼식을 올리지 못한 채 전쟁터로 떠난다. 상심이 된 비비안 리는 전쟁터로 떠나는 테일러를 마중하러 워털루 브릿지 역으로 나가고 이로 인해 공연 시간을 못 맞추게 되면서 발레단에서 해고된다.

살길이 막막해진 비이안 리는 직업을 찾아 헤매고 다니다가 테일러의 어머니를 만나러 나간 장소에서 전사자 명단에 들어있는 테일러의 이름을 발견한다. 현실에서 할 수 있는 것을 찾지 못한 그녀는 친구가 먼저 시작한 결국 거리의 여자가 된다. 어느 날 워터루 역에 나갔던 비비안 리는 살아 돌아온 테일러를 군인들 사이에서 발견한다. 테일러는 그녀에게 결혼하자고 하며 비비안 리에게 가족들을 소개하지만 가족들은 둘의 결혼을 반대하고 비비안 리가 근본 없는 여자라고 조롱한다. 테일러와 하나가 될 수 없는 자신의 처지를 비관하며 비비안 리는 회한의 눈물만을 흘리다 결국 워털루 브릿지에서 자살한다.

이 스토리를 보면서 나는 강에서 치마에 돌을 안고 자살한 양극성 장애를 앓고 있던 버지니아 울프가 생각났다. 버지니아 울프의 자살을 놓고 박인환과 김수영은 다른 생각을 하고 둘이 갈라서는 한 이유가 되었다. 김수영은 치열해야 한다고 말하고, 박인환은 인간적이어야 한다고 목마와 숙녀를 통해 표현했다.

16. 마릴린 먼로

1. 나 아닌 모습으로 사랑받는 것보다 본연 모습으로 미움 받는 것이 낫다.
1. 완전히 지루한 것보다 완전히 우스꽝스러운 것이 더 낫다.
1. 나를 마음대로 생각하게 그냥 놔둔다. 내 행동에 신경을 쓴다면 이것은 내가 우월하다는 의미다.
1. 개는 나를 물지 않는다. 사람이 나를 문다.
1. 내가 최악일 때 나를 감당할 수 없다면 최상일 때의 나를 가질 자격이 없다.
1. 메이크업 뒤로, 미소 너머로, 나는 단지 세상을 위해 기도하는 소녀일 뿐이다.

밀착해서 그녀를 만났다. 먼로가 나를 선택한 이유는 아마 나를 통해서 그녀의 중심을 전하고 싶어서 일 것이다.

A. 마릴린 먼로는 사회주의자였다!

미국연방수사국(FBI)이 마릴린 먼로와 그녀 주변 인물들을 공산주의자라고 의심해 사찰을 펼친 사실이 드러났다. 2012년 AP 통신은 정보공개법에 따라 FBI가 1955년부터 1962년 사망할 때까지 동향을 기록한 이른바 '먼로 파일'을 입수했다고 보도했다. 후버 국장 시절 FBI는 먼로와 가까운 연예인들을 좌익으로 판단하고 사찰했다. 프랭크 시내트라, 찰리 채플린, 먼로의 전 남편인 극작가 아서 밀러 등이 사찰 대상이었다. FBI의 분석은 틀리지 않았다. 마릴린 먼로는 분명히 좌파다. 그녀는 미군가운데 사회주의자들을 귀히 여겼다. 그녀는 인생에서 가장 보람 있는 일이 한국 방문이라고 했다.

양키스 야구선수 조 다마지오와 1954년 일본으로 신혼여행을 갔는데, 국방부에서 시간 날 때 주한미군 위문공연을 제안 받고 바로 오케이를 하고 혼자서 1954년 2월 한국에 온다. 4일간 있으며 화천 등 전방에 있는 미군위문공연을 다녔고, 22만 주한미군가운데 6만 명을 찾아다니며 만났다. 한국전쟁에 참여한 미군이 옳다는 것이 아니라 미군들이 한국을 따뜻한 마음으로 보라는 뜻으로 왔었다.

그녀는 광풍처럼 일어난 당시 반공주의자 맥카시의 반공이슈를 거부하고, 필히 미국이 이성적으로 이념의 균형을 이루기를 바랬다. 더욱 쿠바를 위협 공격하는 미 정부에 반대했고, 오히려 카스트로와 긴밀한 이념적 교제를 했다. 백치미로 자신을 소비하는 자본주의에 올라타면서 미국자본주의가 얼마나 심각한 문제가 있는지 적극 고발했다.

B. 마릴린 먼로는 자살이 아니라 타살되었다!

수면제 과잉으로 자살했다는 조작된 오보에 우리가 놀아나서는 안 된다. 명백한 타살이다. 2015년 미국 월드뉴스 데일리 리포트의 보도에 따르면, 전직 CIA요원 노먼 호지스는 1962년 8월 상관의 명령을 받고 잠들어 있는 먼로에게 다량의 넴뷰탈(수면제)을 주사해 살해했다고 주장했다. 보도에 따르면, 노먼 호지스는 CIA에서 최고 수준의 기밀정보에 접근할 수 있는 첩보원으로서 총 41년간 일했으며, 1959년부터 1972년까지 정치인과 언론인 등 37명을 암살했다. 노먼 호지스는 마릴린 먼로가 쿠바의 피델 카스트로와 긴밀한 사이란 증거를 가지고 있다고 하며, 상관인 지미 헤이워스는 '마릴린 먼로는 자살이나 약물 과다복용으로 보이게끔 죽어야 한다'고 말했다고 전했다.

마릴린 먼로를 좋아한 로버트 케네디는 부인과 이혼하고, 먼로와 결혼하겠다고 약속했고, 그런 상태에서 교제를 시작했는데 케네디가 육체관계를 갖고 나서 변심하고, 비인간적으로 대하자 먼로는 관계를 밝히겠다고 했고, 로버트의 대권 야망을 꺾겠다고 했다. 로버트 케네디가 먼로를 살해한 후 자살한 것처럼 보이게 만드는 "극단적인 수단"을 썼다고 주장했다. 먼로는 케네디에게 월요일 오전까지 답을 하라고 하였다. 그 전전날 먼로는 수면과다로 자살했다고 모든 언론 톱뉴스에 나왔다. 이 뉴스는 거짓이다. 그녀는 사망 3개월 전 대통령 케네디 생일파티에 초대를 받는다. 그는 속옷을 입지 않고 속살이 보이는 옷을 입었다. 케네디 대통령 망신을 주는 것이었다. 이 옷은 2016년에 53억에 경매되었다.

C. 마릴린 먼로는 독서광이었다.

섹시심볼 백치미로 소개되었지만, 실제 그녀는 매우 지적이고 풍부한 독서량을 지녔고 늘 진지했다. 플레이보이 표지 모델도 오해다. 노출이 아닌 그냥 옷을 입었다. 플레이보이 창업자금 600달러 가운데 500달러를 받았고, 이 표지로 책은 5만부가 나갔다. 정치 국제 관계 등 해박한 지식을 갖고 있었고, 그런 것을 레드 다이어리에 기록했다. 이런 기록물들에는 케네디 두 형제의 비리도 기록되어 있다.

D. 마릴린 먼로는 인권운동가였다!

그는 흑인들과 여성들, 어린이들의 인권을 중요하게 여기고 늘 의사를 표현했다. 인간은 타고난 인종과 성별과 관계없이 평등하다고 주장했다.

E. 마릴린 먼로는 진지했고 용기 있었을 뿐이다.

문란한 사생활은 지어낸 말들이다. 먼로는 순수한 사랑을 지향했다. 아인슈타인 에피소드를 보면 안다. 절친 셸리 윈터스와 진실 게임을 하는데 같이 자고 싶은 사람을 적기로 했다. 윈터스는 크라 크케이블을 적었는데, 먼로는 아인슈타인이라고 적었다 윈터스가 먼로보다 47살이나 많은 그를! 하면서 놀라자 먼로는 그렇다고 했 다. 나중 윈터스가 먼로의 유품을 정리하다 아인슈타인의 사진을 보 았고 거기 이런 글이 적혀 있었다.

마릴린에게 마음 속 깊은 고마움을 전하며

세일즈맨의 죽음의 극작가 이서밀러와의 결혼은 톱 뉴스였지만 정말 그녀를 아낀 남자는 두 번 째 남편인 조 디마지오 야구선수였 다. 그는 매주 두 번 씩 무려 37년 간 그녀의 무덤에 장미를 헌화했 다. 84세에 운명하며 말했다.

'이제는 마릴린 먼로를 만날 수 있군!'

17. 잔잔한 러브

박완서와 박수근이 일한 미8군 PX(현 신세계 백화점)

박완서는 서울대 국문과에 입학한 설렘은 잠시였고, 전쟁은 이별이고 처절한 궁핍이었다. 20살 그는 돈을 벌어야 했다. 명동 PX에 채용되었다. 영문과라고 속이고 들어간 곳이다. 조명 받는 '황홀한' 미제 물건을 파는 곳이 아닌, 인기 없는 초상화 부에 고객 호객일로 배치된다. 나목에 나오는 내용이다. 'PX 아래층은 서쪽으로 삼분의 일쯤이 한국물산 매장으로 되어있다. 환한 조명 속에 펼쳐진 건너편 미국 물품 매장 쪽을 나는 마치 객석에서 무대를 바라보듯

설레는, 좀 황홀하기조차 한 기분으로 바라봤다.' 이리 호객하는 자신의 모습을 보며 박완서(1931년~2011)는 자존감이 무너졌다.

양구에서 출생한 박수근(1914~1965)은 가난했다. 그는 보통학교 졸업하고 미술을 독학했다. 박수근은 23살 이웃마을 김복순을 보고 첫눈에 반해 상사병이 생겼다. 의사와 집안 간 혼담이 오가는 상황이었지만 상사병으로 죽을 수도 있는 아들을 본 아버지는 바로 김복순 집안에 찾아가 담판을 한다.

박수근 청혼 편지 들여다 보다

"나는 그림 그리는 사람입니다. 나에게 재산이라곤 붓과 팔레트밖에 없습니다. 당신이 만일 승낙하셔서 나와 결혼해 주신다면 육신적으로는 고생이 될 겁니다. 그러나 정신적으로는 당신을 누구보다도 행복하게 해드릴 자신이 있습니다. 훌륭한 화가의 아내가 되어주시지 않겠습니까?" 그의 청혼은 언어서비스가 아닌 거룩한 약속이었다. 박수근은 아내를 위해 늘 헌신한다. 전쟁 중에 미군 PX초상화부에서 그림을 그리며 돈을 벌었다.

박완서와 박수근은 1951년 겨울에 만나다.

미군 상대로 영어로 호객을 하는 박완서와 미군들 애인의 스카프나 손수건에 초상화를 그려 주는 화가 박수근으로 만난 것이다.

자존심으로 예민해졌고, 부정적 생각이 가득했던 스무 살 박완서에게는 30대 후반 가장으로 온갖 굴욕을 감내하며, 우직하고 성실을 다하는 박수근의 의연함은 감명이었다. 현실에 굴복하는 일도 없이, 시대를 버텨내는 화가 박수근을 통해 그녀는 처음 부끄러움을 느끼게 되었다. 박완서는 자신만이 불행하다는 의식에서 빠져나와, 점차 주변 사람을 돌아보게 되었고, 하루하루 살아가는 이들을 따뜻하게 바라보게 되는 시선을 박수근에게서 배웠다.

기억을 작업하는 것이 예술이다

PX 일을 그만두고 주부로 생활하면서, 박완서는 박수근을 잊고 지냈다. 그러다 1965년 박수근 유작전을 보며 그녀는 감동을 받았다. '박수근은 결국 해냈구나!' 그녀는 박수근에 대한 자전 소설을 쓰고 싶었다. 그리고 여성동아에서 신인 문학상 광고를 보고 픽션과 논픽션을 섞은 자신의 이야기에 박수근을 등장시켜 명동이야기를 담은 '나목'을 출품하였고 당선되었다. 그녀 나이 40살 쓴 첫 소설이었다.

에필로그에서 그녀는 말한다. "암담한 불안의 시기를 텅 빈 최전방 도시인 서울에서 미치지도, 환장하지도, 술에 취하지도 않고, 화필도 놓지 않고, 가족의 부양도 포기하지 않고 어떻게 살았나. 생각하기 따라서는 지극히 예술가답지 않은 한 예술가의 삶의 모습을 증언하고 싶은 생각을 단념할 수는 없었다."

2010년, 박수근의 45주기전이 열렸다. 박완서는 다시 한 번 박수근 작품 앞에 섰다. 그리고는 그녀의 마지막 수필, '보석처럼 빛나던 나무와 여인'을 썼다. 이듬해 1월, 80세의 생을 마감했으니, 작가 생활의 시작과 끝이 박수근이었다. 누군가에게 밀레와 같은 감동을 주기를 희망한 박수근은, 박완서를 통해서 꿈을 이룬 것이다. 1906년 서울에 미쯔꼬시 백화점이 생긴다. 지하1층 지상 4층 직원 360명의 규모였다. 아이쇼핑이라고 하는데 일제시대에는 혼부라당(지금 충무로인 혼마치를 어슬렁 거리는 사람들)이라고 했다. 해방 후 동화백화점으로 상호가 변경되고, 전쟁 중에는 미군 PX로 사용되었고, 지금은 신세계백화점이다.

18. 원각사(圓覺寺) 원각사(圓覺社)

이시이가 그린 명월이

구한말 최고의 기생으로 태화관 소속 이난향의 꼼꼼하게 기록된 자서전을 읽었다. 1900년 같은 해 원효로2가에 태어나 항일운동 행동가 이봉창의 삶을 읽는다. 천황에게 수류탄을 던지고 체포되어, 1932년 10월 10일 32살 사형당한 조선사 나이와 이난향을 보며, 소나기같은 현대사를 접한다. 이난향이 있던 또 다른 명월관 분점, 명동 식도원 독립운동가들 모임도 이봉창의거를 수습하는 친일세력들의 모의도 이난향은 목격하고 기억한다. 10.26 궁정동처럼

비 내리는 날 라면을 에너지로 삼아 숲 같은 한국현대사
한 꼭지를 연다.

원각사(圓覺寺)와 원각사(圓覺社)가 있다. 하나는 조선 조계종본사 사찰이고, 하나는 최초의 국립공연장이다. 원각(圓覺)이란 말은 부

처님의 넓은 깨달음 진리의 도는 따로 있는 것이 아닌 세상과 삶에 있다는 것이다. 국보1호는 남대문이고, 보물1호는 동대문이다. 그런데 국보2호와 보물2호는 1467년에 종로3가에 세워진 사찰 원각사에 있었다. 국보2호는 원각사 10층 석탑이고, 보물2호는 원각사 대종으로 보신각 동종으로 있다가 지금은 박물관으로 옮겨져 있다. 인사동도 낙원동도 원각사에서 유래가 되었다. 조계종 본사였던 원각사는 연산군이 기방으로 만들고, 기생들과 함께 잔치를 벌이면서 절이 폐지되었고, 중종 때 원각사를 완전히 헐어버렸고, 지금은 서구식 공원으로 바뀌어 파고다(탑골)공원으로 불려진다.

낙원동이란 말은 한양 복판에 있는 원각사 사찰이 서울사람들의 낙원이란 뜻에서 지어졌다. 이 절이 워낙 유명한 절이라 승들이 많아 승동이라고도 하였고, 큰 사찰이기에 대사(大寺)라고 했는데 인사동은 1914년 동명 제정 시 중부 관인방(寬仁坊)의 인/자와 대사동(大寺洞)의 사/자를 취하여 작명되었다. 인사동에 있는 태화빌딩은 1919년 3월 1일 33인의 독립선언이 선포된 태화관이 있던 곳이다. 태화관 자리는 1896년에 이르러 조선 국왕 고종은 대한제국으로의 칭제건원을 앞두고 수도 한양의 중심점을 나타내는 서울의 중심점 표지석을 이 주변에 세웠다.

순화궁터인 이곳은 이완용형제가 매입을 하였다가 사업가 이종구에게 팔았다. 이종구는 이 자리에서 요식업을 하려고 했는데, 동네 건달들이 방해가 많아 단독으로 하기보다는 1903년부터 조선요리 전문점인 명월관 분점을 하기로 하고, 명월관 대표 안순환에 의뢰해 경영을 하게 하였다. 동학의 재력가 손병희는 명월관의 큰 손님이었고, 큰 마담격인 주옥경과 관계가 깊었고, 이후 주옥경은 손병희의 아내가 되어 헌신적인 삶을 살며 동학의 발전에 집중하게 되고, 주옥경의 역할은 지식과 조직 장악력 등이고 경영은 경영능력이 있는 이난향이 하게 된다. 33인이 행동을 원만히 마치고 너무 과격하게 가는 만세운동이 아닌 비폭력을 지향한다는 이유로 탑골공원에 모인 청년들과 떨어져 태화관에서 독립선언을 낭송하고, 바로 옆에 있는 종로경찰서에 명월관 주인 안순환에게 최린이 전화하게 하여 체포된다.

당시 참석한 대부분의 인사들이 사전에 가족들과 마지막 이별과 유언을 남긴 것을 보면 종교인이 지닌 순수함은 엿보인다. 태화관의 최고의 1패 기생인 이난향은 훗날 신문사 기자와 결혼하며 은퇴하고 전업가정주보로 살았지만 기자 남편 때문인지 아주 상세하게 자신의 자서전을 기록하여 태화관 만의 이야기가 아니라 식민지 시절의 한국현대사의 세밀한 뒷이야기를 알 수 있게 하였다.

고종 시절 궁 요리가인 안순환은 현대사에 중요한 히든챔피언이다. 1871년 태어나 궁중 음식을 도맡았던 전선사(典膳司)의 책임자이자, 최초의 근대 요릿집인 명월관(明月館)을 설립한 조선음식 전문가이다. 16세에 서당에 들어가 한문과 산수화를 익혔고, 1896년에는 관립 영어 학교에 입학하여 외국어 능력을 키웠다. 또 무관학교에 들어가 체력과 담력을 훈련시켰다. 1899년에 대한제국 건축 감독이 되어 궁중의 일을 하다 국왕의 음식을 담당하는 궁내부(宮內府) 전선사 장선(掌膳)과 주선과장(主膳課長)을 지냈다. 그러나 재정이 취약한 대한제국이 나인, 별감, 내시 등의 인원이 축소되며 미래의 희망을 잃어버리자 하루만 깊이 울며 실망하고, 바로 다음 날 국밥을 먹고 궁에 있는 남성 조리사들인 대령숙수들을 규합해 지금의 동아일보 자리 전경이 좋은 황토마루에 1903년 명월관이란 조선요리 전문점을 낸다. 그야말로 대박이었다.

왕이 식사하던 음식을 중심으로 대중들의 입맛을 사로잡은 이곳은 1200평이 되는 곳으로 키웠고, 최대 이천 명의 고객을 받을 수 있었다. 힘 있는 사람들의 공간으로 성장하며, 안순환은 장안의 실세로 자리 잡고 민간인 최고의 인프라를 지닌 인물이 되어 나중에 궁에서 1품의 지위도 부여 받는다. 음식 맛도 특별했고 폭넓은 사교장이었던 이곳은 더욱 관기가 폐지되면서 내로라하는 전국의 기생들이 명월관에서 와서 공연과 접대를 하였다. 안순환은 요즘으로 말하면 백종원이라고 할 수 있을 것 같다. 이곳은 모든 정치적 사건이 일어나는 곳이었고 그래서 비밀이 보장되고 문제가 생기면 문제를 부드럽게 해결하는 경영능력이 있는 곳이기에 전국최고의 명성을 유지했다.

이런 그에게 국립극장이라고 할 수 있는 극장 원각사(圓覺社) 경영이 주어졌다. 원각사는 광해왕 8년에 경희궁이 창궁하고, 경희궁 정문인 흥화문이 지금의 광화문에 있는 구세군회관 쪽에 있었다. 흥화문 현판이 워낙 반짝여 높은 언덕에서도 현판이 잘 보여 이 지역이름이 야주개, 한자로 야주현(夜珠峴), 또는 야조현(夜照峴)이라 하였다.

새문안교회 옆 골목에 500석 넘는 현대식 극장으로 1908년 들어섰다. 근대식 극장으로, 요즘 말로 말하면 오페라 뮤지컬 전문대형극장인데, 우리의 예술을 종합적으로 공연하는 것을 연희극이라고 하는데, 로마식 원형극장으로 지어져 장관이었다. 이곳 야주개는 아동문학가로서 어린이운동에 온갖 정성을 기울인 소파 방정환선생(1899~1931)이 태어난 곳이기도 하다. 방정환은 동학 손병희의 3째 사위였다. 이렇게 인연의 인연이 이어진 것이 드라마 같다.

김창환(金昌煥) 등 명창(남자) 40명과 가기(歌妓, 여자) 24명 등 64명의 배우를 두었다. 당대 최고의 국창(國唱) 이동백(李東伯)이 단장이었고, 요식업계의 태두였던 안순환의 경영능력이 돋보였다. 이 원각사 전통을 이어받은 곳이 정동에 있는 국립정동극장이다. '문화재제자리찾기' 혜문 스님의 연구에 따르면, 명월관에 명월이란 기생이 있었는데, 미모가 출중하고 사람을 대하는 처신과 성애기술이 탁월해 조선총독, 헌병사령관 등 최고의 권력자들이 즐겨 찾았고, 명월과 잠을 자던 남자들 여럿이 복상사로 죽자 종로경찰서는 그녀를 수사하기도 했다. 어떤 이유인지는 모르지만 명월이 30대에 사망하자 일본은 이 여인의 생식기를 절단해 계속 보관했다.

이시이 하쿠테이(石井柏亭)는 1918년과 1920년 조선을 여행하고 여러 점의 그림을 남겼는데, 홍련이란 이름의 기생 그림을 그렸다. 이시이는 여행 기록을 엮어 이듬해인 1921년 絵の旅(작화여행.日本評論社, 1921)로 발간했다. 1918년 평양의 화춘관에서 홍련을 그렸다. 이 홍련이 나중에 명월관으로 왔을 것이란 혜민의 주장도 있고, 아니란 주장도 있다. 일치하든 아니든 일제는 그와 동침한 남성들의 사인을 규명하기 위해 시신을 부검, 그의 생식기를 적출해 보관했다. 이른바 '명월 생식기'로 불리며 국립과학수사연구소에 보관돼 왔다. '명월 생식기'의 존재는 지난 2010년 국과수를 상대로 서울중앙지법 민사37부(부장판사 임영호)에 "여성 생식기 표본 보관으로 인해 정신적 피해를 받았다"며 소송을 제기하면서 세상에 알려졌다. 재판부는 표본 보관을 폐기를 판결했다. 그리고 2010년 6월 14일 폐기됐다. 일제의 인권유린이 얼마나 심각했는지를 보게 되는 기록이다.

이시이는 화가 이중섭(1916~1956)의 스승이다. 이시이가 그린 '홍련화'는 일본 마쓰모토 시립미술관에 전시되어 있다. 직접 본 혜문스님은 "그림 속 홍련은 아름다웠다. 현대적 미인이라고 해도 손색없다. 세련된 자태에 최고에 오른 자만이 풍겨내는 도도함이 묻어나왔다"고 전했다.

이시이와 홍련의 사랑은 당대의 화제였다. 조선의 최고 기생과 일본 최고의 화가의 만남이라는 점에서 세인들의 관심이 쏟아졌다. 혜문 스님은 "모든 정황상 국과수 표본과 일치한다는 추정을 가능하게 한다. '홍련'이 표본의 주인이 아니더라도 일본에 의해 조선 여성이 인체 표본으로 만들어 졌다는 사실 자체는 변함이 없다"고 말했다. 애잔한 역사를 읽는다.

19. 코리아 러브스토리

한글의 특징은 쉽고 간단하다. 한글처럼 중요한 것을 한 글자로 표현한 언어는 없다. 신체의 모든 것이 거의 한 단어이다. 눈, 코, 잎, 귀, 손, 발 등 가장 중요한 돈도 한 글자이다. 유목민으로 언어가 복잡하지 않아야 하기 때문이다.

또 재미있다. 한글은 소리글이며 동시에 상형문자다. 꽃, 옷, 술, 춤 등 자세히 보면 그림이다. 한글은 솔루션이다. 위기를 맞이할 때, 비전을 주면서 동시에 해결점을 주었다. 위기의 시대 우리는 어떻게 살아야 하고, 어떤 상품을 만들어야 하고, 어떻게 처신해야 하는가? 그 답이 한글이다. 한글을 기억하는 이유다.

"싼 게 비지떡이지"

나는 콩비지를 즐겨 해 먹는다. 박달재에 사랑 많은 주모(셰프)가 지난 밤 보낸 손님들에게 한양가는 길 봉지에 싸서 선물을 주었다.

사람들이 "주모, 싼 것이 무엇이요?", "응 비지를 넣었으니 가다 출출할 때 들어!" 싸다는 말이 가격이 아니라 담았다는 말이다. 의미를 바로 아는 것이 길 위의 인문학이다. 한글의 한의 원뜻은 칸이다. 두려움 없이 떠나는 유목민들을 지켜주는 신의 이름이다.

언더우드가 연세대학교를 설립하는 두 가지 큰 이유는 보부상들에게 경영을 가르쳐 일본상인을 능가하는 인물을 만들어 내는 것과 또 하나는 한글을 조선인들이 자랑스럽게 생각했으면 하는 것이었다. 그는 실제 일본어로만 가르치라는 총독부지침에 심한 스트레스로 큰 병을 얻어 일찍 사망한다. 당시 조선 문화를 이해하는데 있어 조선 선교사들의 실력이 못 미치자 언더우드는 캐나다에 있는 친구 게일을 조선에 초대한다.

게일은 1888년 서상륜의 집에서 기거하며 한글만 사용했다. 그는 월남 이상재와 함께 YMCA운동을 하고 그와 함께 교회를 세워 한글운동을 펼치는데 그 교회가 연동교회다.

하나님이란 말은 어떻게 생겼을까?

누구에 의해 불려 졌을까? 답을 찾아본다.

히브리어 성경을 놓고 1906년 성경을 한국어로 번역하는 위원들이 토론을 한다. 언더우드는 상제나 천주로 하자고 하고 다른 이들은 神으로 하자고 한다. 한국인보다 한국어를 잘하던 게일은 신학을 전공하지 않았고, 토론토대학에서 문학을 전공했지만 번역위원에 선임이 되었다. 그는 조선인에게는 하늘이란 우주의 개념이 들어간 언어가 있으니 하늘에 님을 붙여 하늘님으로 하자고 했고, 조금 더 다듬어 하나님으로 수정돼서 결정되었다. 우리가 지금처럼 하느님 하나님이라고 부르게 된 역사가 시작된 것이다. 다시 말하면 선교사들 나라의 신 호칭이 아닌 조선의 호칭이란 것이다.

게일

게일은 19세기를 37년 살았고 20세기를 37년 살았다(1863~1937). 25살 와서 37년을 조선에서 살았다. 강아지를 좋아한 그였지만 당시 외국인들이 조선인들이 개고기를 먹는 것을 비방할 때, 조롱할 때, 오히려 개고기를 먹으며 '맛있다'하고 삭힌 홍어도 즐겨 먹었다.

정신여학교를 세웠고, 경신학교를 세워 김규식, 안창호, 다석유영모 등의 인물을 키운다. '천로역정'을 번역하고 서울지도를 만들고, 신구약전서를 번역하고, 최초 한영사전을 편찬하고, 구운몽, 춘향전, 심청전, 흥부전을 번역했으니, 대단한 한글 사랑이었고, 연동교회 1대 목사로 27년을 사역한다.

연동교회 장로로 갖바치인 고찬익과 대중문화 공연자 임공진을 장로로 세우자 양반들이 반발해 양반들만이 모이는 묘동교회와 안동교회를 따로 세운다. 연동교회는 1907년 대부분 청년들이 교인이었고, 매주일 천이백 명이 참석했다고 하니 당시 게일, 그의 티켓파워가 대단했다. 그는 어른을 잘 섬기고 조상을 잘 섬기는 조선인은 보이지 않는 것을 바라보는 영혼이 있는 민족이라 하였다. 그래서 조선의 제사는 전혀 문제가 되지 않은 것이다.

게일은 조선어를 사랑하고 조선 문화는 아시아의 축복이라고 생각하였고, 은퇴 후 모든 기득권을 내려놓고 떠났다. 게일은 한글에 담긴 유목민정신을 보았다. 한국개신교회 양대 교단인 합동측은 목사 정년을 연장하려고 하였고, 통합측은 세습방지를 없애려고 하였지만 둘 다 다행히 실패했다. 게일의 정신, 조선의 정신, 한글이 정신은 더 갖는 것이 아니라 나누는 것이고, 후배들이 자라지 못하게 하는 꼰대가 아닌 때가 되면 다 놓고 떠나는 것이다. 낮은 자로 저평가된 이들을 소중히 여기고, 신진대사를 통해 역동적으로 움직이는 K-한글이다.

자랑은 아니지만 영광스럽게 나는 2003년도 게일문학상을 수상했다.

〈슈만의 아내 클라라를 사랑한 브람스처럼〉 조선 땅은 영화촬영장이었다. '존 헤론'과 그의 아내 '해리엇' 그리고 '제임스 게일'의 러브스토리가 있다. 언더우드와 아펜젤러를 조선 최초 선교사로 알고 있지만, 실제 최초의 파송선교사는 존 헤론(1856년~1890)이었다.

영국출신으로 아버지 역시 목사였던 그는 영혼과 지성이 뛰어난 사람으로 학업에서는 천재적이었고 신앙심은 맑고 깊었다. 테네시 의과대학과 뉴욕의과대학을 최우수 성적으로 졸업한 그의 성적은 과거 누구도 받지 못한 점수였다.

모교인 뉴욕의과대학은 그를 교수로 초대했지만 조선에 대한 이수정의 편지에 감동하여 조선으로 와서 광혜원 2대 원장을 맡았고, 광혜원을 특권층이 아닌 서민의 제중원(濟衆院)으로 바꾼다. 그리고 고종의 주치의를 맡았으며, 낮에는 치료를 밤에는 성서와 '천로역정'을 번역하고, 또한 한글을 세계에 알리고 싶어 했다. 그러나 헤론은 한국에 온지 6년이 지난 34살 과로와 이질로 사망한다.

외국인이라 4대문 안에 묘지를 마련할 수 없자 조선인들은 그를 4대문에서 십리 떨어진 양화진 나루터에 묻었다. 그래서 이후 마포 나루터인 양화진에 선교사 묘역이 형성된 것이다. 헤론의 아내 해리엇(1860~1908)은 아버지가 테네시 의과대 교수였고, 이 대학 의대생이었던 헤론과 약혼하였다. 약혼자 헤론이 조선으로 간다고 하자 처음에는 반대하였으나 약혼자의 신앙심에 감동하여 결혼을 하고 조선으로 와서 명성왕후의 친구이며 주치의가 된다. 그녀는 일본에서 이수정을 만나 조선풍습과 말을 익혔고, 6월 20일 제물포에 도착하여 이후에 제중원을 도왔고, 여성교육에 눈을 뜨고 조선의 미래를 이끌 인물 30명을 스크랜턴 부인에게 몸이 아파서 인수시키는데 이들이 이화학당의 주체가 되었다.

해리엇, 게일을 만나다

그녀는 특히 한국어가 뛰어났고 1890년 제중원 원장이었던 남편이 이질로 남한산성에서 사망하지만 미국으로 가지 않고, 두 딸과 함께 조선에서 사역을 계속하기로 하고 남편의 숙원사업인 '천로역정'을 번역했다. 남편 존 헤론은 부산에서 제임스 게일을 소개받는데 당시 게일이 몸이 아프고 위험한 건강상태인 것을 알고 서울 자신의 집으로 와서 두 달간 머물게 하였고, 게일과 함께 문학 서적을 한글로 번역하고 한글을 세계에 알리고자 노력한다.

'헤론'은 자신의 질병을 알고 '게일'이 자신의 가족들을 잘 챙겨주기를 권한다. 헤론이 죽고 나서 게일은 부인을 여러 방면으로 돕다가 1892년 둘은 재혼하였고, 1895년 '천로역정' 번역을 완성했다. 그러나 그녀는 폐렴에 걸려 스위스에 가서 요양했고, 1907년 귀국 1908년 사망까지 게일의 특별한 사랑을 받지만 죽을 때에는 게일에게 첫 남편 헤론 옆에 안장되기를 소망했고, 게일은 그녀의 뜻을 따라 그녀를 양화진의 헤론묘지 옆에 영면하게 하였다.

20. 김재규 내연녀 정정이

아래 사진은 드라마 '미스터 션사인' 촬영지였던 우이동 선운각이다. 인사동에서 삼청동 가는 입구 풍문여고가(현재 서울공예박물관) 있었다. 원래 이 자리는 왕궁인 안국동별궁자리였다. 세종시절부터 조선역사 내내 사용되었다. 1910년 한일합병 이후 친일주의자 민영휘 부부가 헐값에 매입하며 공적 자산이 사적 자산이 되었다. 적어도 역사 인문학을 안다면 공예박물관이이나 공원이 아닌 시민들이 더 친숙하게 이용할 수 있는 고궁 안국동(안동)별궁으로 재건되어야 한다.

선운각은 안국동별궁의 우이동 부속건물인데 5.16 쿠데타 세력과 재벌들은 이곳을 그들의 아지트로 사용하고 궁의 시설들을 요정

으로 바꾸었다. 1967년 이후는 김재규의 내연녀 정정이씨가 선운각 운영을 맡게 되었다. 직원모집에 명지대학교 영어 교육과를 자퇴하고 모델과 배우활동을 하던 1945년생인 정인숙이 소위 에이스로 선발되었다. 그녀는 동양적 미모와 큰 키, 영어, 일어가 가능하고, 사교성과 장악력이 뛰어나 많은 당시 권력자들의 총애를 받았다. 박정희, 정일권, 김종필, 이후락, 김형욱 등과 쌍용그룹 김석원 등 재벌들이 수시로 드나들며 비밀리에 정경유착을 했던 곳이다.

삼각산은 인수봉, 백운대, 만경대인데 이 시절에는 선운각, 대원각, 삼청각이 권력의 삼각산이었다. 워커힐이 생기기 전까지는 특히 여탐이 심했던 정일권 총리가 단골이었는데, 아들이 없는 그는 부인의 동의하에 정인숙에게 아들을 낳아달라고 끈질기게 요구했고, 결국 정인숙을 통해 1968년 아들을 얻었다. 전통적인 여성상이 아닌 자유롭고 거침없는 성격을 지닌 정인숙이 처음에는 매력적이었지만, 정일권은 순종적인 여성상에 젖어있고, 여성을 성소모품으로 생각하는 수준이었기에 점차 정인숙이 부담스럽고 위험스럽다고 생각되었다. 68년 아이를 낳은 정인숙은 정일권의 권유로 강제로 일본에 머물고 다시 미국이민을 갔다가 임시로 69년 귀국을 하는데, 한국에 있겠다는 정인숙과 미국에서 살아야 한다는 정일권간에 다툼이 있었다.

정일권의 지시였다고는 단정할 수 없지만 정일권의 마음을 읽은 핵심측근들이 검은 손을 이용해서 70년 3월 17일 밤 11시 정인숙이 선운각에서 귀가하여 자택인 서교동 집 앞에 이르자 괴한들이 정인숙이 탄 승용차 문을 열고 머리와 가슴에 총 두 발을 쏘고 운전하던 정인숙 오빠 정종욱를 위협해서 강변북로로 달리게 한다. 정종

선운각에이스 정인숙

욱이 탈출을 시도하자 정종욱 허벅지에 총상을 입혔다. 이 사건이 평소 정일권의 여성편력을 무지 싫어했던 육영수여사가 듣고 바로 박통에게 말한다.

이 사건이 71년 4월대선과 5월 총선을 치르는데 악재가 될 것을 염려한 박정희와 중정은 이 사건을 일반형사수사가 아닌 특수부에 넘겨 보안을 유지하게 한다. 그리고 범인을 뒤집는다. 오빠 정종욱으로 평소 동생 정인숙이 사생활이 복잡하고 방탕하게 사는 것이 못마땅하여 훈계를 하는데 정인숙이 왜 간섭 하냐며 오빠를 무시하자 순간 격노한 정종욱이 분을 참지 못하고 운전석에서 뒤에 탄 정인숙에게 권총 두 발로 사살했다는 것이다.

정종욱은 처음에는 아니라고 항변했지만 정종욱과 정인숙 가족들이 회유와 죽인다는 협박을 동시 받고 죄를 인정하였고 그 오빠는

19년 옥살이를 하였다. 나훈아가 부른 '사랑은 눈물의 씨앗'이 당시 대히트를 쳤다. 중학생인 나도 즐겨 부른 노래였으니... 그런데 어느 날부터 시민들은 사랑이 무어냐고 물으신다면 눈물의 씨앗이라고 말하겠어요를 아빠가 누구냐고 물으신다면... 정일권이라고 혹은 박정희라고 하며 개사해서 부르기 시작했다. 곧바로 이 노래는 방송 금지곡이 되었다.

지금은 극우로 돌아선 김경재는 박사월이라는 필명으로 김형욱 회고록 〈혁명과 우상〉을 썼는데 "문학가 지망의 여학생으로 극작가와 사랑에 빠졌다가 실연의 상처를 안고 돌아서서 인숙으로 이름을 바꿨다. 그때부터 빼어난 미모를 이용, 비밀 요정에 나오기 시작했다. 1968년 말, 아버지가 불분명한 사내아이를 낳은 정인숙은 갑자기 해외여행 수속을 밟기 시작했다"라고 말하며 아이의 아버지가 넘버원이라고 말했지만 나는 오버했다고 본다.

정종욱은 형기를 마치고 출옥하면서 말했다.

"동생과 관계했던 고위층이 뒤를 봐준다고 했다는 아버지의 회유로 거짓자백을 했을 뿐, 집 앞에 있던 괴한들이 동생을 살해했다"고 주장했다. 이런 숱한 의문점 때문에 정인숙 사건은 수사기관의 발표에도 불구하고 '권력기관에 의한 살인'이라는 의혹을 잠재우지 못한 채 미스터리 사건으로 남아있다. 처음에는 야당인 신민당은 유진산 대표를 비롯해 이 사건에 대한 진실을 파헤치자고 강하게 밀고

갔지만, 이후락, 김상현 밀약설처럼 야당은 이 사건을 어느 날부터 주장하지 않기 시작했다.

훗날 김상현은 인터뷰를 통해 이런 사실을 인정했고, 밀약의 내용은 박정희 정권이 야당 후보의 신변을 보장한다는 것이었다.

이후 유신이 공표되면서 중앙정보부 안에 미림팀이 만들어져 국가가 섹스관광 특혜를 주는 일도 있었다. 일본에서 오는 남성들을 위한 성접대 여성이 무려 8천명이었다. 이들에게 관광종사원이라는 증명서를 주고 통행금지 있던 시절, 24시간 활동을 허락하고 호텔 출입도 자유롭게 보장했다. 종교계나 사회단체가 기생관광의 오명에 이의를 제기할 때마다 정부는 중정을 통해서 가난한 나라가 일어나려면 외화를 벌어야 한다는 논리로 설득했다. 격 있는 접대나 관광으로도 돈을 벌 수 있었는데 저들은 매춘뿐이었다. 이런 것이 바로 권력기관이 행한 민족정신의 자존심을 밟은 행위였다.

일본인들의 변태적 욕구로 자살을 하는 접대여성이 수시로 생겨도 대부분 접대여성들의 인권은 완전 무시되었다. 그야말로 말초문화의 인권사각지대였고, 제정신이 아닌 미친 세상 타락한 세상이 되었다. 여성운동가 이우정은 기생관광의 실체를 취재하며 적극 알렸고, 의식 있는 단체들은 양 국가 공황입구에 피켓을 들고 섹스관광을 오는 것을 반대했다. 이런 것을 풍자하고 고발한 노래가 곽재구의 시를 작곡한 정태춘의 '나 살던 고향'이다.

육 만 엥이란다
후꾸오까에서 비행기 타고
전세 버스 부산 거쳐, 순천 거쳐
섬진강 물 맑은 유곡 나루
아이스박스 들고, 허리 차는 고무장화 신고
은어 잡이 나온 일본 관광객들
삼박 사일 홀 코스에 육 만 엥이란다
초가지붕 위로
피어오르는 아침 햇살
신선하게 터지는 박꽃 넝쿨 바라보며
니빠나 모노 데스네, 니빠나 모노 데스네
까스 불에 은어 소금구이
혓바닥 사리 살살 굴리면서
신간선 왕복 기차 값이면
조선 관광 다 끝난단다
음, 음육 만 엥이란다

초가지붕 위로
피어오르는 아침 햇살
신선하게 터지는 박꽃 넝쿨 바라보며
니빠나 모노 데스네, 니빠나 모노 데스네
낚싯대 접고, 고무 장화 벗고
순천의 특급 호텔 사우나에 몸 풀면
긴 밤 내내 미끈한 풋 가시내들
써비스 한 번 볼만한데 음, 음
환갑내기 일본 관광객들

칙사 대접 받고, 그저 아이스박스 가득가득
등살 푸른 섬진강 그 맑은 몸값이
육 만 엥이란다

나의 살던 고향은 꽃피는 산골
좆돼부렀다...

군사정권이 준 피해가 정말 크고 민족정신과 풍류사상에 오물을 던진 향락문화가 70년 이후 범람했다. 일패기생처럼 멋진 풍류는 사라지고, 군사정권은 오직 쾌락과 욕망만을 지향했다. 내연녀에게 선운각을 맡기고 오직 박정희에게 충성을 다했던 김재규는 정권의 속살을 알았다. 정인숙 살인사건의 내면도 알았다. 양심의 괴로움을 무시하면서 미친 사냥에 동행했다. 그러나 그것만이 전부가 아닌 질문이 늘 들었고, 그 질문을 찾으려고 그는 불자가 됩니다.

"내 시골 초등학교선생이었는데 장군도 되고 국회의원도 되고 장관도 해봤다. 소통령이라 불린 권력의 2인자 정보부장에까지 올라 부귀와 영화를 원 없이 누려봤다. 내 한 가지 남은 소원이 있다면 불제자(佛弟子)로서 득도하는 길이다. 영생은 믿지만 아직 얻지는 못했다. 득도 해탈하여 영생을 얻고자 한다. 영생을 얻지 못하면 세상에서 누린 부귀영화가 무슨 소용인가? 일장춘몽(一場春夢)이 아닌가? 아침에 도를 깨달으면 저녁에 죽어도 행복하다 했는데 나는 언제어디서 불도(佛道)를 깨닫는단 말인가?"

김재규는 선운각의 미녀 장정이의 풍만한 육체를 탐닉하면서도 괴로워했고, 정보부장의 위세 앞에서 설설 기는 장관, 장군들과 술을 마시고 헤어지고 나면 허전했다.

人生何處來 人生何處去 人生一片浮雲起 人生一片浮雲滅
(인생하처래 인생하처거 인생일편부운기 인생일편부운멸)

인생은 어디서 왔다가 어디로 가는가 한조각 구름처럼 떠올랐다가 한조각 구름처럼 사라져 간다는 깨달음을 죽음 앞에서 알게 되었다. 이 또한 지나가리라는 말은 실은 고난이 지나간다는 것이 뜻이 아니라, 솔로몬이 모든 영광이 지나간다는 것이다. 자본주의만이 인류가 만난 우리가 선택한 최고라고 생각하는 그런 대한민국이 아니라, 풍류와 절약 배려와 나눔이 있는 축복된 대한민국이길 기도한다.

21. 아모르파티

　수컷 잠자리 평균 비행속도는 시속 54km다. 그러나 수컷이 암 컷 찾아 쫓아다닐 때는 시속 145km다. 이 사실 하나만으로도 많은 것이 설명된다. '루 살로메'는 망치를 든 철학자라는 별명을 지닌 니 체를 만난다. 시크한 철학자지만 지식의 깊이가 있는 니체를 바라보 는 그녀의 눈빛은 별을 노래하는 윤동주의 서시처럼 빛났고, 그녀의 대화 집중력을 보며 니체는 이 여성을 하늘이 보낸 별의 여인이라고 생각하고 첫 눈의 반한 마음을 그대로 고백하고, 둘은 깊은 인생동 지로 지낸다. 철학은 깊지만 사랑은 순수한 니체는 모든 장애를 넘 을 수 있는 마음이 생겨서 그녀에게 청혼한다. 하지만 거절당한다. 니체는 끊임없이 연서를 보내지만 이미 동거하고 있는 남자의 방해 로 니체는 거부된다. 순수함이 어리석음과 서두르는 남자의 급함으 로 평가된 니체는 신의 대한 성찰은 이성적이었지만, 여성에 대한 성찰을 지극히 감성적이었다. 이제 사랑은 미움이 되었고 그 사람이 면 충분하다는 사랑의 결정은 저주와 미움으로 바뀐다.

　니체의 분노지수는 극도로 올랐다. 그의 아드레날린 에너지는 초집중해 글을 쓰는 동기가 되었고, 그 결과로 십일 만에 완성한 글 이 '차라투스트라는 이렇게 말했다'다. 십일이지만 그의 열정을 다

한 이 인류의 명저는 예상과 달리 여덟 권만 팔리는 참혹한 결과를
남겼다.

책 출판의 실패는 니체에게는 양극성 장애에 더 시달리게 했고
오랜 기간 정신 장애를 주었다. 그래도 그는 늘 외쳤다. 인생은 아모
르파티라고 감정노동인 사랑은 과장을 동반하기에 소유와 집착을
주기에 거기에 머물지 말고 나와야 한다고 니체는 말하며 일상에서
만나는 모든 것을 운명으로 받아들이자고 말한다. 우리의 일상은 저
주가 아니라 기회이고, 또 다른 사명이고, 철학은 의지이어야 한다
고... 계절에 순응하는 자연처럼 인생은 운명을 행복으로 받아들이
는 아모르 파티(Amor Fati)라고

청소년 시절 나는 니체의 생각에 마음을 두었고, 그 때 니체가
던진 인생을 목적을 가슴에 담고 보냈다. 그때도 외웠고 지금도 외
운다. 마음에 담고 어떤 경우에도 고백한다.

인생의 목적은
끝없는 정진에 있는 것이다.

그 앞에는
걷기 좋은 곧은길만
있는 것이 아니라
오르기 힘든 언덕이 있고

험하게 흐르는 내가 있고
빠지기 쉬운 진흙이
한없이 전개되어 있다.
먼 곳을 항해하는 배가
풍파를 만나지 않고
조용히만 갈 수는 없는 법

아!
풍파는 전진하는 자의
영원한 벗이니
풍파 없는 항해
이 얼마나 단조로운 일인가

수많은 고통과 좌절이
나에게 몰아오면 올수록
나의 가슴은 샘솟는
삶의 의욕을 향해
더욱 세차게 요동하도다.

루 살로메를 검색하면 그녀의 깊은 사상은 나오지 않고 오직 유명 인사들이 그녀를 좋아하고 목숨 걸고 사랑했다는 이야기가 나오는데 솔직히 그리 유쾌하게 읽히지 않는다. 너무 과장된 루 살로메의 이야기가 인용되고 있다. 수많은 유명 인사들이 루 살로메를 사랑했고. 그녀에게 구혼한 사랑이 이루어지지 않자 자살했다는 이야기도

가십처럼 등장한다. 니체, 릴케, 바그너, 마틴부버, 프로이드, 톨스토이, 칸트, 타우스크 등이 그녀를 치열하게 좋아했다는 이야기들이다. 그럴 수 있다. 그러나 사랑이 유명 인사들의 나열로 설명될 수 있는가?

마치 그녀는 유명한 남성이 그녀의 지성과 미모에 굴복되고, 남자를 끌어당기는 기술이 정말 진짜인지, 아니면 당시 출판 등 상업적 마케팅인지 구별되어야 할 것 같다. 자본 시장은 계속 그녀를 그런 쪽으로 소구하려고 했다. 나 역시 루 살로메와 유명인사들과의 스캔들이 관심이 가서 연극대본을 쓰고 싶었고 어느 정도 썼다. 그러나 기대보다는 내용의 빈곤이 있음을 알고 중단했다. 상업성이 개입되었고, 루 살로메의 글로 인해 예술가들이 그녀의 스캔들로 인해 저평가되고 있음과 지성인 모두가 결국 이 여자에게 굴복되었다는 스토리가 기만이라는 생각이 들었다.

물론 그녀가 생각이 깊고 자유로우며 그 뜻을 이루고 용기가 있는 것은 인정한다. 하지만 그녀는 유명인들과 연결되는 것을 즐겼고 또 그들에게 자신의 매력을 최고로 팜므파탈했다는 것이 문학적 상술이라는 생각에 이르렀고 이 글을 쓰는 이유이기도 하다.

그녀의 글이 지닌 상업성으로 철학자들이 이용되고 있음을 본다. 그녀의 어록 가운데 좀 멋진 말은 이런 정도다.

'모든 사랑은 비극에 기초해 있다. 행복한 사랑은 넘쳐서 끝장이

나고 불행한 사랑은 모자라고 끝장이 난다. 그러나 모자란 경우가 더 느리고 고통스럽다.'

난 루 살로메를 보며 루보다 격 높은 영화를 소개한다.

영화 〈글루미 선데이〉

원제는 헝가리어로 슬픈 일요일이란 뜻의 Szomorú Vasárnap (소모루 버샤르너프). 당시 우울한 시대상과 맞물려 많은 사람의 자살을 부른 곡으로 유명하다. 작곡자인 세라시 레죄는 1968년 1월 일요일 자살로 생을 마감했다. 1933년 처음 발표된 버전은 연주곡이었다. 제목도 세계의 끝이라는 뜻의 Vége a világnak 였으나, 1936년 작사가 야보르 라슬로(Jávor László)에 의해 가사가 만들어졌다.

작곡가 레죄의 헤어진 옛 연인은 1936년 이 곡을 접하고 다음날 자살한다. 이후 헝가리에서는 17명이 이 노래의 영향을 받고 자살을 한다.

그리고 헝가리 경찰은 부다페스트에서 구두 수선공을 하는 조셉 킬러가 유언에 이 노래가 있음을 알고 헝가리는 이 노래를 금지곡으로 선포했고, 이후 영국과 유럽 그리고 미국도 이 노래가 담고 있는 정서와 아노미를 염려하고 금지곡이 되게 한다. 이후 한동안 이 노래가 사람들에게 잊혀 진다. 그런데 작곡가 세라시 레죄는 1968년 어느 일요일에 아파트에서 뛰어내려 자살을 선택한다. 이 실화를 바탕으로 만들어진 이 영화는 영화 매니어들에게 최고의 영화로 주저 없이 추천된다.

한스는 80살 자신의 생일 날 옛날 자주 가던 식당에 간다. 식사를 하다가 글루미 선데이는 연주된다. 피아노에서는 연주가 나오고 옛 연인 사진을 보고 쓰러지고 죽는다. 영화감독은 롤프 슈벨(Rolf Schubel)이 노래 'Gloomy Sunday'에 얽힌 실화를 소재로 한 닉 바르코프(Nick Barkow)의 소설 《우울한 일요일의 노래》(The Song of Gloomy Sunday)(1988년)를 각색해 1999년 제작했고, 독일과 헝가리가 투자를 했다.

한 여자를 둘러싼 세 남자의 사랑 이야기를 그리면서, 노래가 영화 전반적인 흐름을 이끈다.

우울한 일요일
잠조차 들지 못하고
내 삶에 셀 수 없이 가득한
어둠만이 다정해라
작고 흰 꽃들은
그대를 깨워내지 못하리
슬픔의 검은 마차가
그대를 데리고 간 곳에서는
천사들이 내게
그대를 돌려줄 리 없으니

내가 그대와 함께 하겠다
마음먹는다면 천사들은 분노하려나
우울한 일요일
우울한 일요일
어둠만이 내게 함께하네
내 마음과 나는 이제
모든 것을 끝내리라 마음 먹었네
곧 촛불과 기도가 있으리
이런 일이 있을 줄 알았다 사람들은 말하리
그들을 울지 않게 하소서
내가 기쁘게 떠남을 알게 해 주소서
죽음은 단지 꿈이 아니며
죽음 속에서 나는 그대를 어루만지리
나의 마지막 숨결로서
나는 그대를 축복하네
우울한 일요일
꿈이었으리 모두 꿈이었으리
꿈에서 깨어나면 그대는 잠들어 있으리
내 마음 속 가장 깊은 곳에서 그대
그대여 나의 꿈들이
그대를 괴롭게 하지 않았기를 바라네
내 마음이 그대에게 말해주리
내가 그대를 얼마나 원했는지

이 노래가 100명 이상이 자살했다는 논리근거는 빈약하다. 유력

한 가설은 당시 글루미 선데이가 헝가리 사람들이 제목만 보면 멜로디가 떠오를 정도의 국민노래였다는 것이다. 즉, 노래가 워낙 유명해서 사람들이 죽기 전에 들었던 것이지, 노래를 들었다고 해서 죽은 것이 아니라는 이야기다.

1999년 어느 가을. 독일 사업가가 헝가리의 한 레스토랑을 찾는다. 그는 추억이 깃든 시선으로 그곳을 살펴본다. 그리고 말한다.

"그 노래를 연주해주게." 그러나 음악이 흐르기 시작한 순간, 그는 피아노 위에 놓인 한 여자의 사진을 발견하고선 갑자기 가슴을 쥐어뜯으며 쓰러진다. 놀라는 사람들. 그때 누군가가 외친다.

"이 노래의 저주를 받은 거야. 글루미 썬데이의 저주를…"

22. 살아내는 것은 역사적 사랑이 된다

이름을 알고 나면 이웃이 되고
색깔을 읽고 나면 친구가 되고
모양까지 알고 나면 연인이 된다
아, 이것은 비밀
나태주 〈풀꽃2〉에 나오는 말이다.

1961년부터 우리나라 지방들이 무너졌다. 서울에 와야만 살 수 있었기 때문이다. 1920~30년대에 태어난 이들은 서울로 왔다. 변두리에 가거나 빈터에 무허가 집을 짓고 안 해본 일이라도, 힘든 일이라도 가리지 않았다. 대부분 금속을 연결된 일과 먼지와 폐를 상하게 하는 환경이었다. 돼지고기를 먹으면 폐병에 걸리지 않는다는 말에 일본인들이 먹지 않는 삼겹살과 족발을 먹으며 그 시절을 견디었다.

내가 살던 금호동은 이들의 가정이었고 내가 다닌 장충초등학교 나의 친구들은 그들의 자녀였다. 내가 청계천에 애정을 갖는 이유일 것이다.

초등학교 시절 친구들이 어느 날 삼양동으로 전학을 가고, 성남으로 이사를 간 까닭을 안 것은 한참이 지나서다. 60년 농민 인구의 3분지 2인 350만 명이 이농을 하여 서울로 몰려왔다. 지방에서 올라 온 농민들은 판자로 집을 지으며 살아냈다. 수출의 용사로, 경제 성장의 희생자로...

박정희에게 두 명의 군대 호위무사는 전두환과 육사3기 출신 김현옥(1926~1997)이었다. 5.16 군사정변이 일어나자 전두환은 육사 생도를 동원한 지지데모를 하여 여론을 돌렸고, 30대 중반으로 부산 수송대 대장이었던 김현옥 중령은 부산에서 지지 시위를 함으로 지방의 모든 군대가 전부 박정희로 돌아서게 하는 일을 하였다.

박정희에게 기쁨을 준 김현옥은 대령으로 진급하며 동시에 경남 부산시장으로 임명되었고, 그는 취임 1년 만에 경남도에서 부산을 직할시로 독립시킨다. 재선, 3선 개헌, 유신은 처음부터 박정희의 예정된 시나리오였다. 박정희와 김현옥을 소시오 패스라고 말하는 것은 소시오 패스의 정의가 목적을 위해 수단 방법을 가리지 않고 옳지 않은 일을 알고 있음에도 밀어붙이어 상대에게 손해를 주는 자를 말하기 때문이다.

박정희는 권력을 계속 장악하려면 확실한 경제 성과와 조직을 유지하는 돈이 있어야 한다는 본능을 알았다. 그의 멘탈은 일본 쇼군의 통치술이었다. 처음에 이농을 해서 서울로 온 사람이 고마웠지만 나중에 박정희는 잘사는 모습을 보여주어야 하는데, 판자촌 모습은 자신의 성공의 모습과는 다르고, 이런 민중들이 서울 중심에 뭉

쳐있는 것은 언젠가 민중의 반란이 된다고 생각하여 예민하게 반응을 한다. 그래서 오직 박정희에게만 충성하는 소시오 패스 40살 김현옥을 준장으로 예편시키고 불러 40살에 서울시장으로 1966년에 임명한다. 박정희는 김현옥에서 임명을 하며 두 가지 미션을 준다.

첫째, 판자촌을 전부 철거하라!
둘째, 건설하는데 두려움을 갖지 마라!

박정희가 종교인 김현옥은 서울시장에 취임하자마자 서울시 예산의 10%가 건설비인데 75%로 올린다. 그는 명동과 광화문지하도를 5개월 만에 완성하고, 최초의 고가인 아현동고가를 7개월 만에 준공하고, 수백 개의 육교를 만들고, 남산 1.2호 터널을 만들고, 2개월 만에 23만개의 도심 판자 집을 철거하고, 1년 만에 세운상가 8개를 완공하고, 최초의 현대적인 아파트를 6개월 만에 만든다. 이것은 불량식품이었다. 자랑이 아니고 부끄러움인 것이다.

또 곡선인 한강을 다 파괴하며 직선으로 만들어 강변로를 만들고, 봉천 신림 상계 단지를 만들고, 여의도를 110일 만에 만들고, 청계고가를 2년 만에 완성한다. 나열할 수 없는 모든 것까지 그는 아파트가 무너져 그만둘 때까지 4년 재임하는 동안 이 모든 일을 하였다.

박정희에게 김현옥이 없었다면 박정의 재선과 3선, 유신이 불가능했을 것이다. 불도저시장 김현옥이 박정희에게는 절대적인 존재였지만, 김현옥 시장은 우리에게는 서울의 아름다움과 서울인의 정서를 파괴시킨 괴물이다. 윤보선에게 간신히 이긴 박정희는 자신이 계속 집권하는 것은 민주주의도 아니고, 오직 서울 시민들이 부자가 되어 자기 기득권을 지키기 위해서 자신을 지지하게 하는 것이라고 생각하고 이런 통치를 사용했다.

김현옥은 '돌격'이라고 쓰여 진 헬멧을 쓰고 다니며 빠른 서울, 수단 방법을 가리지 않고 목표를 이루어 박정희에게 충성을 다하는 것이 조국의 과업, 민족의 예술이라고 믿은 사람이었다. 그가 얼마나 불도저였냐면 미국 존슨대통령이 방한해 워커힐에 묵을 때 한양대에게 숙소까지 2차선이라 경호가 힘들다고 미 경호팀이 말하자 10일 만에 한양대서 워커힐까지 4차선을 만들어냈다. 이런 과속은 전부 대가를 지불했다. 부실공사로 수시로 사고가 났다. 그럼에도 그는 박정희가 준 사명 "건설에 용감하라"만 있었다. 청계천고가도로는 전문가들이 다 반대하였지만, 그는 박정희가 수시로 워커힐에 가서 노는 것을 알고 박정희가 청계고가를 통해 속히 워커힐에 가서 놀도록 완성을 한 것이다. 이런 것이 군사정권의 정의였던 것이다.

빨리 빨리란 문화, 자연의 파괴, 인간성 상실인 군사문화의 피해를 우리는 그대로 받았고, 우리 안에 이런 해로운 멘탈이 보이지 않게 지배하고 있다. 김현옥은 이의를 제기하는 서울시 임원들은 자신보다 나이가 많아도 쌍욕을 하며 수시로 재떨이를 던지는 상명하복의 군사문화를 일반화하였던 것이다. 김 시장이 상식이 아닌 경사가 높은 현저동에 금화아파트를 질 때 당시 손정목 계획국장이 왜 이리 높은데 아파트를 세우냐고 하며 교통문제 등 여러 문제가 있다고 하자 그는 "야 미친놈아! 그것도 모르냐. 높은 곳에 아파트를 져야 청와대에서 박정희대통령이 보시지"라고 답했다.

즉 그는 박대통령이 보는 것이 중요해서 무리하게 높은 곳에 지었던 것이다. 손 국장은 나중에 김현옥에 대하여 김 시장은 시장이 아니라 파괴자였고, 도시에 해서는 안 될 짓을 한 서울의 패륜아라고 하였다. 1969년 가수 패티 김은 어용 노래 서울의 찬가를 부른다. 김현옥은 언론인들에게 당근을 주어야 자신의 무리한 공사가 인정될 수 있다고 생각하고, 당시 집이 없는 기자들에게 주택 부지를 제공하기로 한다. 그래서 기자 임원들과 지금의 강남 논현동을 보여주며 평당 2000원만 내라고 하자 언론인들은 우리를 어떻게 보냐고 하며 진흙 땅 논현동은 싫다고 하자 지금 은평구 진관외동을 보여주자 기자들이 좋아해서 그곳의 땅 한 평에 2천원을 주고 샀다고 한다. 이후 강남이 개발되자 기자들은 땅을 치고 후회했다고 한다. 진관외동의 기자촌은 이렇게 형성되었다.

김현옥이 서울시장이 되고 나서 일주일이 지나 종묘에서 필동까지 있는 판자촌을 본다. 박정희도 하기 어려운 만용을 부린다. 그는 박정희에게 이들을 철거시키고, 또 35만 명이 이주할 새로운 도시를 광주(현 성남) 만들겠다고 한다. 박정희는 사람들이 무엇을 먹고 사냐고 하자. 옛날 왕들은 십만 명이 모여 살면 서로 뜯어 먹고 살았다고 하며 걱정하지 말라고 한다. 박정희 결제가 나자 두 달 만에 그는 이곳 판자촌을 다 철거를 한다. 그리고 전쟁에서 사용하는 거짓말을 가난한 민중들에게 하며 충무로에 있던 15만 명의 판자촌 빈민들을 성남으로 보낸다. 그 거짓말은 성남에 평당 2,000원에 20평을 팔 것이며, 그 돈도 3년 거치 상환이라고 한다. 또 공장을 유치해 충분히 먹고 살게 하겠다고 약속하고 이들이 서울로 오지 않겠는 서약서를 받자 바로 판자촌을 다 허물어 버리고 이들을 트럭에 태워 성남으로 보냈다.

그런데 가서 보니 모든 것은 거짓말이었다. 화장실 수도시설도 안 되어 있었고, 생활편의 시설도 없는 그냥 맨땅이었다. 공장은 없었고 인구 15만 명을 이주시켰는데 서울로 가는 버스도 한 대이고 하루에 6번만 왕복하였다. 이럼에도 불구하고 착한 민중들을 정부를 믿고 참고 기다리며 버티고 있었는데 강남 개발붐이 불고 지가가 오르자 평당 400원에서 사서 2,000원에 불하해주고 3년 거치 상환이란 약속을 어기고 정부는 이들에게 평당 16,000원을 내라고 하고 그것도 일시불로 내고 그러하지 않으면 30만원 벌금을 불린다고 했다.

이런 사실에 분노한 사람들이 이의를 제기해도 일체의 대답을 하지 않자 1971년 8월10일 이 곳 분들을 버스를 탈취하고 서울로 올라온다. 와우아파트 붕괴로 김현옥은 그만두었고, 새 시장은 성남 주민에게 처음에 약속한 것을 지키겠다고 하고 간신히 수습했는데, 이 보고를 받은 박정희는 이들을 폭도라 하며 구속시킨다. 국민이 정부를 무섭게 알아야 한다는 것을, 특히 유신을 예측하고 공포정치를 했던 것이다. 이 사건이 〈8.10 성남민권운동〉이다.

나태주는 '풀꽃3'에서 이렇게 말한다.

기죽지 말고 살아봐
꽃 피워봐
참 좋아

'풀꽃 3'처럼 살아낸 청계천에서 어른들은 대부분 하늘로 가셨고 그 아들들이 권력자의 자리로 가지 않고 힘들고 어려운 일들을 반백년 지금 이어가고 있다. 내가 산업생태계를 지켜 온 이들에게 마음을 두는 이유다.

충무로에 있다가 강제로 성남에 이주된 주민

23. 족패천하 길 위의 인문학

경교장에서 김구 손기정 남승룡 서윤복

1770년 영국육군29 보명연대에 의한 보스턴 시민 학살사건이 있었다. 영국은 재정이 어려워지자 식민지 주민들에게 세금을 많이 부과했고, 보스턴 주민들은 많은 불만을 갖게 된다. 영국군이 무력의 힘을 보스턴 시민에게 보여주고자 행진을 할 때, 한 어린이가 군 행진을 랍스타 같다는 농담을 하자 군인들은 대머리 판으로 이 아이에게 폭력을 가하자 주민들이 저항하자 군인들을 주민들을 총으로 죽인 사건이다. 갈등이 계속되고 보스턴은 미 독립의 성지가 된다.

1775년 4월 19일 보스턴 시민들은 자발적으로 무기를 들고 독립을 위해 싸웠다. 이를 기념해 1897년 4월 19일부터 매년 보스턴 마라톤 대회를 열리고 있다. 올림픽 마라톤 다음으로 역사 깊은 마라톤 대회다. 한국은 1947년 보스턴 마라톤대회에 감독과 코치에 각 35세인 손기정과 남승룡, 선수에 24세 서윤복과 35세 손기정과 남승룡이 출전했다.

족패천하(足覇天下) 인문학이 되다.

2023년 9월 27일 개봉한 영화 '1947 보스톤'은 강제규 감독과 하정우(손기정역), 배정우(남승룡역), 임시완(서윤복역), 김상호(백남현역) 배우 등이 출연했으며, 이백 억의 제작비와 백만 명의 관객이 입장했다. 영화의 실제 모델인 서윤복 선수는 내가 나온 고등학교 원로 선배이고, 나와 동문인 아버지의 고등학교 담임교사였다. 서윤복이 우승을 하고, 손기정, 남승룡과 함께 경교장에 가서 백범 김구를 만날 때 백범이 서윤복 선수에게 써 준 휘호가 '족패천하'였다. 고등학교 3년간 등교할 때마다 늘 보던 족패천하가 어쩌면 역사와 인물을 탐구하는 길 위의 인문학이 되었는지 모른다.

서윤복 교사의 제자인 나의 아버지는 전국 고등학교 마라톤대회에서 우승을 했다. 서 교사는 아버지를 육상선수로 키우고 싶어 했지만 할머니가 완강히 반대하자 서윤복 교사는 할머니를 설득하기 위해 집까지 찾아오셨던 분이었기에 더 특별하게 영화를 보았다. 신화와 기록으로만 듣던 이야기가 정밀한 다큐와 스토리 감동을 주는 예능이 결합되어 감상하기 좋았다.

파리 올림픽의 안세영 선수 인터뷰와 뉴라이트 인사들이 권력핵심요직에 배치되는 것을 보면서 영화 '1947 보스턴'에 대해 글을 하나 남기려고 검색을 했더니 극우 성향의 분들이 이 영화에 대한 비판한 글이 보였다. 동아일보 임원급 기자가 쓴 글인데 글 내용은 이 영화는 과장되고 사실에 근거하지 않은 내용으로 지나치게 왜곡되었고 소위 좌파영화인들의 반미성향영화라는 것이다.

예를들면 영화에 민군정청 하지 사령관과 미군에 대한 비판내용이 영화에 나오는데 하지사령관과 미 군인들이 돈을 모은 것이 계기가 되어 서윤복과 일행들이 보스턴에 갈 수 있었다고 하였고, 또 손기정 선수가 보스턴 마라톤협회에 가서 선수 상의에 성조기가 찍힌 옷을 보고 반대해서 태극기 문향으로 옷을 바꾸어 입었다는 내용은 거짓이고, 그냥 처음부터 준 옷을 선수들이 이의 없이 입었다는 것이라고 하며 사실을 심히 왜곡한 반미영화라는 것이다.

위에서 언급했듯이 동문이고 서윤복 교사와 인연이 있어서 애정어린 관심을 갖고 교차해서 검증했다. 다 그런 것은 아니지만 극우 성향의 평론가들은 팩트 체크가 부실하고 빠른 단정을 하고 자신들의 주장에 절대적 도그마를 입혀 그야말로 숨 막히는 오류를 남발한다.

팩트는 이렇다.

태극기를 달지 못하고 달린 손기정과 남승룡은 양정고 시절 항일 운동가이며, 영성가인 김교신 교사에게 깊은 감동을 받는다. 그리고 해방이후 태극기를 달고 국제 마라톤대회에 나가는 것은 이들의 간절한 신념이고 종교였다. 마라톤 선수로는 어려운 30대 중반을 넘긴 이들은 자신들의 뜻을 이어갈 젊은 선수를 찾았다. 그 인물이 고려대에 재학 중인 서윤복이었다.

보스턴 마라톤대회가 있다는 정보를 알고 손기정과 남승룡은 출전을 하기로 하고 준비하지만 출전하는데 달러 담보금이 없었고 재정보증인을 구하기 위해서 손기정과 남승룡은 시민대회를 연다. 이 대회 소문을 듣고 미국교포 백남현이 재정보증을 하기로 하고, 미 군정청 하지 중장에게 출전 허락을 요구하지만 세 번이나 거절이 된다. 당연히 세 사람이 하지에 대한 평이 좋을 수 없었다. 하지 사령관은 달러 현금이 없으면 갈 수 없는 대회라고 하며, 다음 런던올림픽에 가자고 제안하자 한국 시민들은 모금을 시작한다.

이런 한국인의 모습에 감동한 민 군정청 체육과장 스메들리 여사는 해방된 민족이 참여하지 못해 슬픔에 있는 것은 옳지 않은 일이라고 하며, 봉급으로 저축한 600 달러는 기부한다. 미군들도 1달러 씩 모금을 했고, 스메들리는 연세대 설립자인 언더우드의 아들인

원한경에게 후원을 부탁한다. 언더우드2세는 2000천 달러를 기부했다. 하지만 하지는 여전히 부정적이었다. 그리고 하와이까지만 갈 수 있는 비자를 발행한다. 전에도 언급했듯 하지 사령관은 한국을 신경질적으로 싫어했다. 그의 한국인을 향한 어록을 보자.

한국에 도착해서 그는 미군대상 연설에서 "韓人은 日人들과 사실상 교활한 종자다. 일본 주둔 미군들이 두려워하는 것이 세 가지다. 첫째 설사, 둘째 성병, 그리고 韓人이다. 日人도 나쁘지만 韓人은 더 교활하다. 日人들은 다루기 쉽다. 그러나 韓人은 사나운 맹독고양이다. 한국인들은 일본인들에게 약탈당하고 매를 맞았다고 떠들지만 증거가 거의 없다. 이들은 세계 어디에서도 찾을 수 없는 최고의 멍텅구리들이다. 그들의 역사를 돌이켜보면 기회만 있으면 강간하고, 강탈하고, 살인을 했다. 이들은 사람 때리는 것을 좋아한다."

하지사령관은 당시 최고의 민족 지도자 여운형에게 "일본으로부터 돈을 얼마나 받아먹었지?"라고 조롱하고 김구에게는 암살범이라고 하며 총을 겨누고 이승만이 없는 곳에서는 이승만을 늙은 개자식이라고 욕했다. 정세와 정무지식이 하나도 없었다. 하지는 아시아 정세지식도 없었고, 한반도에 대한 지식이 전혀 없는 깡 무식이었다. 군인으로 있다가 한국을 점령하여 한국을 지배한 혐오와 분노감정을 조절 못한 군인에 불과했다.

당연히 정치는 뒤틀리고 민주 인사들은 암살되고, 하지 스스로 상해 임시정부 인사를 인천에 불러 전부 중국으로 추방시키려고 추진했는데 주변에서 간신히 말렸다. 경제는 어려워져 대구 등에서 폭동이 일어났고, 총독부의 질서가 최고의 한국 지배라고 생각한 인물이었다.

캘리포니아 주립대 제임스 매트레 교수는 하지를 남 코리아 미군정 사령관으로 선임한 것은 실책이라고 했다. 하지는 한국역사나 한국인에 대해 아는 것이 정말로 없었고, 행정 경험도 없었기 때문에 한국 정부조직을 이끄는 일에는 문외한이었다. 결국 한국인들과 우호적인 협력관계를 이끌 만한 지도자로서의 능력이 전무했다고 했다. 하지도 미국에 돌아가서 "남 코리아 군정 최고 책임자로서의 임무는 나의 최악의 직무였다. 내가 민간인 신분이었다면 1년에 100만 달러를 줘도 그 직책을 맡지 않았을 것"이라고 말했다.

베를린 올림픽에 출천한 손기정, 남승룡은 항일 저항가이며, 교육자인 김교신의 제자들이었다. 남승룡이 손기정을 부러워한 것은 손기정이 금메달을 딴 것이 아니라 시상대에서 월계수 나무가 있어 일장기를 가릴 수 있던 것이라고 했고, 이 두 선수는 일장기를 지운 조선중앙일보 대표인 여운형과 가까웠다. 1936년 베를린 올림픽에서 손기정은 세계신기록으로 우승했다. 이후 2차 대전으로 경기가 열리지 못했고, 전쟁 후 처음 열린 1947년 보스턴 마라톤대회에서 서윤복은 손기정의 2시간 29분 19.2초의 세계신기록을 넘는 2시간 25분39초 세계 신기록으로 우승을 한 것이다.

언덕에서 더 달린 코리아 선수들

옛날 한국 마라토너들이 기록을 낼 수 있던 것은 오르막 언덕에 서 잘 달릴 수 있었기 때문이다. 보스턴마라톤 대회의 난코스인 허 트브레이크 언덕은 구미선수들에게는 난코스였지만, 한국선수들은 도약할 수 있는 디딤돌이었다. 군용기를 타고 닷새 만에 보스턴에 도착한 코리아 선수들이었고, 신발이 없어 가죽으로 신발을 만들어 뛰었지만, 코리아 선수들의 우승을 막을 수 없었다. 내가 나온 숭문 고등학교는 1945년 해방 전에는 금호동에 경성상업실천학교란 이 름으로 매봉산 자락에 있었다. 서윤복 선수는 다음과 같이 말했다.

"학교가 끝나면 금호동 산(매봉산)을 넘어 장충체육관 앞 동대문 까지 걸어온다. 동대문에서 옷을 벗어 빽 속에 넣고, 영천 행 전차운 전사에게 영천까지 가져다 달라고 맡기고 전차 따라 연습한다. 영천 에서 옷을 받아 옆에 끼고 무악재 고개 넘어 집까지 달려온다. 이것 이 나의 연습이었다"

선수들은 협력했다.

손기정은 선수였지만 코치와 감독역할이 중요했고, 또 올림픽의 영웅의 흠집을 내지 말자는 남승룡 선수의 제안을 토론 끝에 받아들였고, 자신의 올림픽 우승 신발을 서윤복에게 주었다. 남승룡은 서윤복을 위해 우승 후보들

서윤복 결승점에 들어오는 모습

의 페이스를 흔드는 역할을 하고, 결국 노장이지만 12위로 들어왔다. 코리아 조국을 알리기 위해 이들은 이렇게 간절하게 협력하며, 서윤복의 우승을 도왔다. 서윤복의 우승 소감이다. "한국의 완전 독립을 염원하는 동포들에게 이 승리를 바친다."

그리고 서윤복인 귀국 기자회견에서 "보스턴에서 가장 인상 깊었던 순간은 한국인 농부 이민자들을 만났을 때다. 오랫동안 나라 없는 백성이라고 무시 받았던 그들이 나를 만나러 왔다. 그때 잡았던 농민들 손의 감촉을 잊지 못한다." 강제규 감독이 한 말이 남는다. 과거는 저편이 아니다. 기억함으로 다시 뛰는 미래다.

배우들이 준비된 연기가 몰입을 준다.

나는 당시 언론에 언급된 글이 약간의 무력감과 허무감에 정신을

차리게 한다. 서울 은평구 녹번동에서 나고 자란 서윤복은 일찍 부친을 여의고 철공소·인쇄소 등에서 견습공으로 일하며, 경성상업실천학교(현 숭문고) 야간부에서 학업을 병행했다. 달리기에 소질을 보인 서윤복은 소학교 운동장에 뿌려진 '1936년 백림(베를린) 올림픽 손기정 1등, 남승룡 3등' 호외를 보고 '마라톤왕자'의 꿈을 키웠다. 그러나 가난한 고학생이 할 수 있는 거라곤 주경야독으로 파김치가 된 몸으로 동대문에서 서대문 영천까지 전차를 따라 달리는 것뿐이었다.

24. 동료를 죽도록 사랑하면 동지가 된다.

스펜서 존슨의 책 '피크앤드 밸리'에 보면 이런 말이 나온다. "인생의 절정은 내가 가진 것을 소중하게 생각하는 순간이다. 인생의 나락은 내가 잃어버린 것을 그리워하는 순간이다." 신이 한 사람에게 "더 좋은 세상을 만들라!" 그 사람이 답하길 "나약하고 보잘 것 없는 제게 이 크고 복잡한 세상을 바꾸라니 어떻게 그런 반 푼어치도 없는 분부를 내리십니까!"

신은 그에게 이렇게 말한다. "너 자신을 더 좋은 사람으로 만들기만 하면 된다"

22살 전태일의 파토스를 주목한다. 1970년 11월 13일 임종을 앞두고 그가 남긴 마지막 무의식의 말은 '배고프다'였다. 11월 12일 집에서 아침에 먹은 라면이 전부였다. 전태일의 '배고프다' 이 끝말이 잔영으로 남는다. 예수가 십자가에서 죽음을 앞두고 하신 말씀 '내가 목마르다'가 연상되기 때문이다. 에피소드가 있었다.

전태일은 같이 일하는 동생들을 데리고 어느 할머니가 운영하는 분식집에 자주 가서 밥을 사주었다. 전태일은 늘 밥을 먹고 와서 자신은 먹지 않았다. 할머니가 공짜로 줘도 안 먹었다. 전태일이 혼자 왔을 때 이 할머니가 물어봤다. "내가 너한테 돈 받을까봐 안 먹었냐?" 전태일이 말하길 "할머니, 아이들한테 먹었다고 그랬거든요" 전태일의 이 마음이 와 닿는다.

멋쟁이며 낭만적인 전태일은 시와 노래를 즐겼다. 그리고 섬세한 감성을 지녔다. 그런 그가 자신의 몸이 타 들어가는 순간 마지막 의식에서 계속 반복한 것은 이 말이었다. "내가 굴리다 못 굴린 덩이를 자네들이 굴려주게" 분신을 시도하며 거룩한 자결을 선택하는 분들이 그 순간 심리적으로 나타나는 현상 하나는 육체의 고통을 느끼지 않고 평정심을 유지하는 소위 해리현상(解離現像)이 나타난다는 것이다.

얼마 전 최재영 목사와 대화중에 나는 어떻게 서울의 소리 백은종 선생과 인연이 닿았냐고 물었다. 그는 전태일을 연구하던 중에 해리현상을 알게 되었고, 해리 현상의 사례로 백은종 선생이 나오는 것을 보고 백 선생을 뵙고 이 분은 정말 진짜로 사는 분이라고 생각했다고 한다. 백 대표는 노무현 대통령이 탄핵이 되었을 때 분신을 시도했고, 그의 몸 전체의 화상 흉터가 남아있다. 전에 어느 출판사 대표가 익선동에서 해주신 말이 떠오른다. 그는 '죽을 각오로 출판할 것입니다' 고맙고 감동했다. 그 자리에서 나는 익선동에서 한옥 건축 사업으로 항일운동을 한 정세권 선생이 생각났다. 정세권은 종로 3가에서 1919년 3.1만세 혁명을 목격하고 감동을 받는다. 그리고 다음과 같이 결심한다.

"죽을 각오로 사업을 통해 항일을 할 것이다!"

만약 그가 그 당시 죽을 각오로 마지막까지 한옥을 짓지 않았다면 서울의 한옥은 전부 이완용의 문화주택인 적산가옥이 되었을 것이다. 고문도 당하고 투옥도 되었지만 윤보선가옥 건너편에 조선어학회 회관을 지어 기부했고, 낙원동에 조선물산장려회관을 기부하고 다양하게 독립운동 자금을 모았다. 정세권 선생은 이후 뚝섬 35,000평의 땅을 일본에 빼앗기고, 해방이후에는 자유당 정부의 견제로 부도가 나서 무너졌지만 그의 업적은 이렇게 소중하게 자리 잡고 있다. 역사는 이렇게 중요하고 그것을 기억하는 사람들에 의해 예술과 역사는 영원한 것이다.

25. 독서가 애국

    SNS 상에서 어느 분이 매년 800권을 읽는다는 것을 놓고 토론이 있었다.

    나는 책을 잘 읽지 않았다. 읽으면 졸음이 바로 왔기 때문이다. 책을 좋아하는 아버지는 내가 초등학교 시절 책상에 앉으면 졸고 있는 내 모습이 걱정이 되어 한의원에 데리고 가셨다. 나를 학자로 키우고 싶어 하셨기 때문이다. 그 때 한의사가 한 말이 기억난다. 나 같은 사람이 꽤 있다고 하면서 책을 읽도록 강요하지 말고 세월에 맡기라고 아버지에게 조언을 주었다. 지금 생각하면 난시였기에 눈을 보호하려고 신체가 졸음으로 방어했던 것이다. 안과에 갔으면 일찍 독서를 할 수 있지 않았을까? 이런 내가 1991~1993년 3년간 2000권 책을 읽었다는 것은 스스로 놀라운 일이었다. 특별 체험을 했다. 특별한 사람이나 다독할 수 있는 것이 아니라 평범한 아니, 나처럼 독서에 게으른 사람도 할 수 있으니 마음먹으면 누구나 할 수 있을 것이다. 목표한 것이 아니라 결과물이었다.

    자기 분야에서 용기를 낸 것은 시행착오와 가난의 지름길로 가는 것이다. 그런 삼십대 중반 어쩌다 읽은 책이 피터 드러커의 "단절의 시대"였고, 이 책을 읽고 나는 그 시절 독서광에 입문하게 된 것이다. 단절은 저주가 아니라 축복이다. 세계의 모든 기업은 단절에서 나왔다는 저자 '피터 드러커'의 메시지가 나에게 희망이 되었다. 노동이 중심이 아니기에 이념의 시대가 될 수 없지만 자본이 중심이 되지 않기에 자본주의도 무너진다는 그의 이야기가 좋았다.

모두 절망할 때 희망을 향해 누구나 그렇게 되었으면 하지만 아무도 대안을 만들지 않을 때, 3년간 절박한 고독 속에서 지식을 찾아낸 자가 역사에 중심이 된다는 저자의 이야기가 가슴 뛰었다. 91년 어느 날 아침 난 정독 도서관에 갔다. 집에서 독서를 하며 받은 감동과는 달리 도서관에서의 책은 눈에 들어오지 않았다. 그렇지만 포기하지 않았다. 도서관에 들어가면서 스스로 한 다짐이 있었다. 이것이다! 라는 것이 독서를 통해서 오기 전까지는 도서관 집중 생활을 계속하려고 했다. 도서관에서 버티기 위해 여러 방법을 썼다. 흥미를 위해서 신문도 보고 여성잡지도 보았다. 그러다 보니 앉는 습관이 생겼고 독서 분위기 좋은 테이블을 찾아 읽었다.

공부는 머리로 하는 것 같지만 엉덩이로 한다는 영국속담을 생각했고 그 결과 심심하다고, 책이 잘 읽혀지지 않는다고 퇴실하지 않고 적응했다. 주제 별로 공부를 하기로 하고 같은 주제로 된 책을

7권 이상 테이블에 올려놓고 가장 잘 써진 책 1권은 정독을 했고, 나머지 책들을 차이점에 집중했고, 비슷한 부분은 간추려 읽었다. 도서관 열람시간인 오전 10시에서 오후 7시까지 하루에 2~3가지 주제별로 독서를 하는데, 서로 연동되는 주제로 책을 읽었다. 카페 인테리어가 오전 주제라면 오후에는 원예 등의 책을 보았고 한 주제당 7권정도의 책을 책상에 올려놓고 보았다,

일주일에 3번 이상 도서관을 다녔다. 노트에 중요한 내용을 그대로 적었다. 하루에 몇 권을 읽는 것을 생각하고 읽은 것은 아니었다, 나중에 노트에 메모한 책 종류가 예상외로 많았음을 알게 되었다. 도서관에서 집까지 가는 시간 노트 메모를 보고 중요한 것은 반복해서 읽으며 외웠다. 이렇게 3년을 지속했다.

다량의 독서인데 나는 책의 내용을 상세하게 기억하고 있었다.

J.P Guilford의 지식체계인 ①인지 ②기억 ③구성 ④집중 ⑤창조 순으로 책을 정리해서 마음에 담았다.

시간을 내서 집중한다면 1년에 800권 이상 읽을 수 있으며, 또 길포드의 지식체계 형식으로 읽으면 속독을 해도 정독한 것 이상의 독서효과가 가능하다. 나 스스로 91년에서 93년까지 직접 체험했

다. 94년 민들레영토를 시작하면서 도서관에 갈 수는 없었지만 청년들 지식인들과 대화하면서 그동안 독서한 것이 참 유익했다.

2016년 가을 용인 어머니 계신 곳에 내려갔는데 마침 집 앞에 동백도서관이 있어 3년 간 다시 독서에 집중했다. 역시 같은 방법으로 독서를 했고 메모해 둔 책 제목이 600권 정도가 되었다. 지금은 도서관은 아니지만 관심 있는 주제에 대해 검색키워드를 특별하게 찾아 집중된 지식을 이어가고 있다.

어린 시절 우리 집보다 잘 사는 집은 많았어도 우리 집보다 책이 많은 집은 없었다. 집이 도서관 같았다. 친구들이 집에 오면 절약이 생활화된 모습과 책이 많은 것을 보고 놀라곤 했다. 책 중에 총 6000페이지가 되는 셰익스피어 희곡 전집이 있었다. 초등학교 6학년 학교 수업을 마치면 명문과외수업인 '거북이 진학교실'을 가야했다. 학업지도에 관심이 많은 할머니가 반강제로 보냈는데, 이곳의 학생들 성적이 상위 1%였고, 교사들도 각 학교에서 강의를 잘하는 교사들로 채워졌다. 나는 상위 1%가 아니고, 학습능력이 떨어져 적응하지 못했다. 이번에 드라마 졸업을 정주행한 이유도 실은 어린 시절의 기억이 소환되었기 때문이다. 그런 우리 6학년들에게 충격적인 소식이 전해졌다.

1968년 7월15일 월요일에 권오병 문교부 장관은 〈중학입시 폐지〉를 발표했다.

검사출신 법무부장관인 권오병이 문교부장관으로 부임하자마자 발표를 했다. 우리 또래들은 권오병 장관 이름을 지금도 기억할 만큼 충격이었다. 물론 어린이들에게 과한 스트레스를 주는 입시는 개선되어야 하지만, 국민적 논의도 없었고 교육자들 소통이 없는 군사작전 진압작전이었다. 이들이 내건 이유는 평준화가 백년대계를 세우는 정상화라는 것이다. 요즘 보수적 분들이 진보가 평준화를 했다고 비판하는데, 평준화를 시작한 것은 진보가 아닌 박 정권이었다. 다 아는 이야기지만 입시폐지 이유가 박통 아들이 공부를 못해서 만들었다는 말, 청계고가를 세운 것도 박통이 워커힐로 놀러 가는데 속도를 내기 위해서 만들었다는 말이 분명 사실에 가깝다. 68년 박통은 권오병에게 국민교육헌장을 만들라 지시해 '국민교육헌장'이 나오고 우리들은 주구장창 외웠다.

발표가 있던 월요일 나는 학교를 마치고 과외 거북이 진학교실에 갔다. 학생들이 한 명도 오지 않았고 과외 교사들은 분주히 회의를 하셨다. 나는 수업이 끝나는 10시까지 자습을 하고 있었다. 대표 선생님이 나에게 '승룡이가 진짜 제자였군! 수업시간 자주 졸아서 뭐라고 한 것 미안하네, 내일부터는 오지마라 학원은 오늘로 문을 닫는다'고 말했다.

할머니는 몸이 건강해야 하니 태권도도장을 나가라고 했고, 난 따랐고 나중에는 태권도도장 무덕관 대표가 되었다. 그러나 내가 하고 싶었던 것은 셰익스피어 희곡책 전집을 읽고 싶었다. 이유는 표지가 붉은 색이었다. 이 책을 읽기에는 어렸기에 정독하지는 않았지만 간신히 완독을 했고, 그 중 로미오와 줄리엣은 두근거리는 마음이 있었다.

1969년 수요일인 2월 5일 영하15도 내려가는 추운 날, 나는 3 학군(성동구, 동대문구, 중구, 용산구) 학교를 받기 위해서 추첨 장으로 갔다. 두 번 돌리고 한 번 역으로 돌리면 나오는 빵빵이 은행 알에 번 호가 있었는데 13번이 나왔다. 13번? 묘한 불길함이 들었다.

집이 금호동인데 서울역 건너편에 있는 동자동 수도중학교로 배 정되었다. 동네 학교보다는 멀리 있다는 것이 호기심은 들었다. 학 교는 운동장이 없다. 일제 때 지은 듯 낙후된 시설이라 학교가 교도 소처럼 느껴져 좋은 시절 다 갔구나 했다. 학교 정문이 윤락촌 앞이 라 교문근처에 펨푸인 여인들이 서서 아저씨들을 유인하는 풍경을 매일 보니 나에겐 학교가 아니라 음침한 영화 세트장처럼 보였다. 학교를 그만두고 검정고시를 보고 싶은 마음이 있었지만 영어 교사 인 담임선생님의 어록에 감동했고, 학교에서 단체를 관람하는 영화 보는 즐거움에 학교를 다녔다. 1968년 만들어진 영화 로미오와 줄 리엣이 1969년 8월 명동 중앙극장에서 상영이 되었고, 단체관람을 기대하고 있었는데 늦은 가을 기회가 왔다.

자주빛 시트, 깔끔한 극장분위기와 주인공 배우들이 청소년이었다는 동질감, 그리고 희극 대본으로만 보며 상상했던 로미오와 줄리엣을 영화로 보니 얼마나 설레이던지....

이런 기억인지 나는 청년시절 썸 타는 사람이 생겨 영화를 보게 되면 중앙극장을 고집했다. 극장을 넘어 영화를 볼 수 있는 카페, 사랑이 이루어질 것이란 기대가 내면에 있었다. 어린 시절 조간신문과 석간신문이 도착하면 아버지는 중요한 신문사설을 오려서 스크랩하셨고, 기사보다는 사설을 읽어야 한다고 또 월간지를 읽어야 지력이 키워진다고 하셨다. 매일은 아니지만 아버지 영향으로 자주 사설을 읽었고, 월간지도 정독을 했다. 물론 형 방에 가면 선데이서울, 주간경향이 있었고 호기심이 생겨 두 잡지도 보았다. 지금이야 정보의 홍수지만 그 시절 연예계등 대중문화의 정보는 두 잡지였기에, 읽은 사람과 읽은 사람의 기억정보만이 화제가 될 수 있어 친구들은 나를 통해서 대중문화 소식을 들으며 좋아했다.

훗날 내가 국어능력이 있었던 것은 셰익스피어 희곡전집을 읽은 것과 신문사설을 자주 읽었기 때문이다. 로미오와 줄리엣은 1969년 아카데미 촬영상과 의상상을 수상했으며, 작품상과 감독상 후보에도 올랐다. 유명한 제피렐리 감독, 니노로타 음악 감독의 선율, 다닐

로 도나티 의상 감독의 멋진 옷들, 그리고 주인공 레너드 화이팅와 올리비아 허시의 연기와 집중력을 주는 외모에 사춘기 감성이 더해 졌으니 기억에 깊은 곳 꽈리를 틀고 있다. 두 주인공이 청소년이었 는데 영화관계자의 욕심으로 과다 노출이 되었고, 이 일로 배우들 특히 올리비아 허시는 정신쇠약이 찾아오고 대인기피증 공황장애로 새롭게 들어오는 영화 캐스팅을 거의 다 거부했고, 대인관계장애가 있다는 이야기가 흠으로 남는다.

설렘을 주었던 주인공 두 사람의 노후를 보며 역시 풀은 시들고 꽃은 떨어진다는 말이 생각나지만, 마음에 남은 스타의 모습을 기억 하고 응원하며 이런 응원이 두 사람이 더 평화로운 인생여정이 되길 기원한다. 비오는 날 추억을 떠오르게 하는 의미로 로미오와 줄리엣 줄거리를 나눈다.

이태리 도시 베로나에는 유명한 몬태규 가문와 캐퓰렛 가문이 있었다. 상부는 세련되게 갈등하지만 자녀들과 가문의 사람들은 길 거리에서 패싸움도 벌이는 원수지간이다. 몬태규 가문의 아들 로미 오는 연모하던 로잘라인을 만나고자 캐퓰릿 가문이 열은 무도회에 가면을 쓰고 참석한다. 로잘라인에게 연정이 거부된 이곳에서 로미 오는 캐퓰릿의 외동딸 줄리엣을 보고 첫눈에 사랑에 빠진다.

심리학자 융은 첫눈에 빠지는 것은 자기 안에 있는 남성성 여성성과 많이 일치할 때 나타나는 애니마 애니마스 현상이라고 했다,

줄리엣도 로미오에게 마음이 흔들렸고 두 사람은 줄리엣 집의 발코니를 마주하고 재회하며 밀어를 나눈다. 이들은 로렌스 신부의 주례로 혼인식을 올린다. 그러나 몬태규 가와 캐퓰렛 가의 싸움에 휘말린 로미오는 줄리엣의 사촌 티볼트를 죽이게 된다.

베로나 군주는 로미오를 베로나에서 영구 추방시킨다. 캐퓰렛 가에서는 줄리엣을 패리스 백작과 결혼시킬 준비를 한다. 줄리엣은 로렌스 신부에게 도움을 청하고, 로렌스 신부는 며칠 동안만 죽은 상태로 만들어 놓는 약을 줄리엣에게 건넨다.

줄리엣은 패리스 백작과의 결혼식 전날 약을 먹고 잠든다. 로렌스 신부의 계획을 전해 듣지 못하고 줄리엣이 죽었다는 사실만 들은 로미오는 줄리엣 앞에서 독약을 먹고 죽는다. 잠에서 일어난 줄리엣은 로미오를 발견하고는 단검으로 자결한다. 둘의 죽음으로 인해 캐퓰렛과 몬태규 가는 화해한다. 독서와 명상습관은 암기력과 집중력을 주었다.

26. 사랑은 할 수 없는 것을 집요하게 꿈꾸게 하는 것

양궁과 사격을 보며 든 생각이다.

죄(罪)란 단어는 히브리어로는 '하타(חָטָא)'이고 헬라어로는 '하마르티아(ἁμαρτία)'라고 한다. 두 단어의 뜻이 같다. 과녁에서 벗어났다는 뜻이다. 악하다는 뜻 보다는 윤리보다는 결과물을 내지 못했다는 것이 더 가까운 정의다. 罪란 〈성찰하다 반성하다〉라는 뜻이 있다. 다시 과녁에 명중하기 위해서 분석하고 훈련해야 한다는 성찰과 반성의 의미다.

군 훈련소에 입소해서 40일 훈련을 받았고, 당시 71보병 훈련단 동기생들은 천명이 넘었다. 훈련을 마치고 퇴소하는 날 내부반장 하사가 나를 부르더니 '지 이병이 훈련소 성적이 좋았다고 하면서 전체에서 2등을 했으니 퇴소 식에서 연단에 올라 사단장 앞에서 수상받는 상황을 설명해주었다. 궁금했다. 이 많은 훈련병가운데 어떻게 제가 상을 받게 되었냐고 물었더니 정성평가인 생활점수, 정량평가인 필기시험이 좋았고 무엇보다 사격점수가 만점이었다고 한다. 나는 왼쪽 눈 시력이 1.2였고 오른 쪽 시력은 0.8인데 오른 쪽 눈이 난시였다. 오른 쪽 눈을 뜨고 사격을 하는데 안경을 쓰지 않았는데도 사격만점이 나왔던 것이다. 평소 사격하는 것을 좋아했다. 총의 가늠쇠는 객관적인 기준이고 가늠좌는 직관적인 기준인데 이 둘을 과녁에 일치시키면 명중시킬 수 있다.

오른 쪽 눈 난시로 인해 검정과녁에 들어가지만 정중앙이 아니라 중앙에서 조금 올라가기에 과녁을 수정해 사격을 했다. 검정 원이 크게 보이도록 집중했고, 숨을 내시는 30%지나면 몸이 흔들리지 않기에 사격을 하면 검정 원 중앙에 닿았다. 양궁과 사격으로 메달을 잡은 한국 선수들을 보면서 그들의 승리가 우리의 기쁨이 되는 것을 보며 사업을 재개한다면 되는 일엔만 집중하는 것을 유념할것이다. 총알이 하나 남았고 적들이 많은 때는 적에게 쏘는 것이 아니라 자신에게 쏜 김상옥, 나석주 의사의 모습이 생각난다.

2018년 나는 100년 전 조선인의 얼굴과 풍경을 그린 영국 여성 화가 Elizabeth Keith를 소개했다. 귀한 풍경을 담아주었지만 생소한 인물인데 지금은 많이 알려져서 먼저 소개한 보람을 느낀다. 키스는 1919년 3월 32살에 언니와 같이 조선에 입국하며 전국적 3.1만세를 본다. 영국 특파원인 형부인 로버트슨 스콧이 조선의 독립운동과 일제의 탄압을 취재하러 올 때 같이 왔고, 형부와 언니인 엘스핏과 키스는 역사관이 같았고 조선의 입장에 있었고 독립에 대한 의지를 지닌 조선인을 응원하는 선교사들과 같이 활동하며 서울과 평양, 원산, 함흥 등을 다니며 조선민중들의 삶의 그렸고 잡지 편집을 하는 언니 엘스핏은 글을 썼다.

이들이 남긴 글을 보면 조선인들은 일본인보다 키가 크고 밝았으며 특히 의복의 색상, 옷맵시, 외유내강에 항상 웃는 조선인에 대하며 감동적이고 일본의 지배를 받아 애잔함이 얼굴에 보인다고 했고 숨을 쉬고 싶은지 담배를 많이 핀다고 하였다.

키스는 폐병환자들을 위한 크리스마스실을 처음 제작하는데 함께하며 그림을 그렸다. 어느 날 키스의 그림이 압수가 되었고 어린이 둘이 겨울 작은 문에서 나오는 그림을 사용하지 못하게 하였다.

이유는 그림에 있는 산이 너무 높게 나와 조선인에게 조선인의 자부심을 심어줄 수 있기 때문이라고 하고 산 그림을 낮게 그리고 일왕 연호를 사용하라고 하였다. 키스가 그린 산은 금강산을 상상하며 그렸다. 화가 난 키스는 저항했지만 조선 결핵 환자들을 위한 그림이기에 산을 조금 낮추고 일왕 연호는 사용하지 않고 몇 번째 크리스마스실이라고 표현해서 허락을 받았다고 한다.

여섯 번째 그림인 과부는 무명 여성 독립운동가의 모습인데, 키스는 조선 여인은 온순하고 부드럽지만 대단히 단단한 내면을 지닌 여인이라고 하면서 이 그림의 여주인공은 3.1만세에 일경에 끌려가 고문을 당하고 감옥에 몇 달 있다가 풀려나온 지 얼마 안되었을 때다.

몸에는 아직 고문당한 흔적이 남아 있었고, 외아들 역시 3·1운동에 적극 가담해서 일본 경찰에 끌려가 감옥에 있는 상황이라고 한다. 이 여성은 전통적이고 폭이 넓은 크림색 치마를 입었고, 그 안에는 헐렁한 바지를 입고 있었다. 그녀는 항라옷감으로 만든 저고리를 입었고, 꽤 더운 날씨인데도 두건을 쓰고 있었다. 북부 지방에 사는 사람들은 머리에 두건을 쓰는 풍습이 있다고 했다. 키스가 그림을 그린 지역은 원산이나 함흥이다. 이 두 도시는 일제강점기에 강력하고 조직적인 노동운동이 전개된 곳이다. 그녀가 주로 머문 곳은 스크랜튼 여사가 세운 조선최초 여성 전문병원인 동대문감리교회 옆에 있는 의료선교회관인데 그곳이 이대병원이다.

그녀는 독립신문 등의 유인물을 두루마기에 감춰 갖고 다니며 사람들에게 나눠주는 독립운동가 청년을 통역 겸 그림도구를 들어주는 사람으로 고용해서 같이 다녔다.

키스 자매는 1946년에 나온 '올드 코리아'란 책에서 조선 여성들의 독립운동에 대해 상세하게 기술했다. "한국의 가정에서 여자들은 남자들보다 하대를 당하지만, 3·1만세운동 때는 여자들도 남자 못지않게 잘 싸웠다. 비밀문서를 전달하고, 지하조직에 참여했으며, 갖은 고문을 당해도 굽히지 않았다. 코리아 여자들은 기회가 있을 때마다 그들이 얼마나 강인한가를 보여주었다."

엘리자베스 키스(Elizabeth Keith, 1887~1956)의 목판화와 수채화 가운데 현재 남겨진 조선 소재 작품은 약 66점이다.

엘리자베스 키스의 조선풍경

27. 김중업을 기억하는 이유

김중업 건축가

詩人이기도 했던 김중업은 25살인 1947년에 서울대 건축공학과 조교수가 된다. 그는 6.25이후 부산에 온 문화예술인들과 남포동에서 새로운 벗들, 뜻이 맞는 동지를 많이 만났다. 전쟁은 그에게 우정과 타 분야와 건축이 만나는 계기가 되었다. 건축을 휴머니즘으로 풀어내는 김중업의 생각은 청년인 문화 예술인들에게 호기심이 되었고, 김중업을 통해 거처하는 곳들이 좋아지는데 도움을 받았다.

이런 인연과 덕을 쌓은 김중업에게 부산에 있는 지인들은 김중업의 꿈을 위해 돈을 모아주었고, 이 돈으로 김중업은 1952년 9월 베네치아에서 열린 유네스코 주최 제1회 세계예술가회의에 참석했고 3개월을 체류할 수 있었다.

김중업은 한국을 대표해 그곳 강단에 섰다. 이 회의에 참석한 세계적 건축가인 '르 코르뷔지에'는 김중업의 강의에 좋은 느낌을 받고 김중업에게 질문을 한다. 당신은 시인인가? 건축가인가? 김중업은 시인이고, 동시에 건축가라고 답했다. 운명처럼 김중업이 남긴 훗날 건축은 詩처럼 사람들에게 감흥을 주었다. 김중업은 기회를 놓치지 않고 '르 코르뷔지에'에게 함께 일하며 배우고 싶다고 말했다. 이탈리아에 있는 건축물을 답사 후 김중업은 바로 파리에 있는 '르 코르뷔지에 건축사무소'에 찾아가 3년 2개월간 수학한다. 수학을 마치고 김중업은 17개국을 다니며 유명 건축물 조사를 했고 1956년 2월에 귀국했다.

전후 새로운 건물, 의미 있는 건물을 짓고자 하는 수요층이 있었다. 그런 소비자에게 김중업의 설계는 섭외 0순위였다. 34살 김중업은 첫 작품으로 건국대 도서관(현 언어교육원)을 설계했고, 이어 다음 해인 1957년에는 첫 상업건물인 명보극장을 설계했다.

나는 중학교에 입학하자마자 학교 시설과 학교 주변이 맘에 안 들어 학교를 그만두려고 했다. 이런 혼돈의 시간 학교를 계속 다닐 수 있었던 것은 담임인 영어 교사였다. 선생님은 영어를 배운 이유가 영화를 보기 위함이라고 하셨다. 사전이 중요하다고 하며 늘 외우라고 강조하시더니 사전보다 더 중요한 것이 있는데 영화라고 하시며 자신은 사전을 팔아서 외화를 놓치지 않았다고 했다. 그 시절은 영화상영이 지나면 영화 필름에 소나기가 내리기 때문이었다. 선생님은 수업시간에 영화이야기를 자주 들려주셨다. 영어 수업을 넘어 영화감상회 같았다. 다행히 학교는 대한극장 등 영화단체관람을 자주 해주었고 그런 즐거움이 있어 학교를 계속 다닐 수 있었다.

중학교 시절 아버지가 다시 서울로 복귀해서 명동에 있는 남대문 세무서에서 근무하셨고, 아버지 사무실에 들르면 용돈을 주셔서 중앙극장, 명보극장에서 영화를 보았다. 명보극장은 1957년 8월 26일 1,234석 규모로 개관했다. 대한극장보다는 스크린은 작았지만 대한극장과 함께 70mm 영사기를 갖추고 있었다. 명보극장의 역사를 살펴본다.

영화광 이지룡을 소환한다.

함흥출신 영화광인 이지룡에 의해서 명보극장이 시작되었다. 이지룡은 지인들을 설득해 돈을 모아 땅을 매입하기 시작했다. 처음에는 명성극장으로 이름을 지었지만 나중에 자신의 고향, 함흥에 있던 명보극장을 떠올리며 명보극장으로 변경한다. 그는 함흥에서 함산금융조합에서 일했고 장사를 시작하다 서울로 왔다. 전쟁이후 부산에서 창고업과 함흥냉면집을 했다. 전후 서울로 올라와 건설업에 종사했지만 적성에 맞지 않는 일을 하고 있다고 느낄 때, 외화 수입을 하는 친척 이희극(수도극장 부사장)의 사무실을 자주 다니며 날씨와 관계없이 극장에 모이는 관객을 보며 영화관 사업에 눈을 뜬다.

1957년 8월 26을 문을 연 명보극장의 개봉작은?

1956년 제작된 상류사회였다. 찰스 월터스 감독의 상류사회(원제:High Society)는 재혼하려는 신부와 재혼을 방해 하려는 전 남편의 이야기가 아름다운 재즈의 선율과 함께 로맨틱하게 그려진다.

빙 크로스비, 그레이스 켈리가 주인공이고, 조연으로 프랭크 시나트라, 셀레스트 홈, 루이 암스트롱 등이 나온다.

트레이시〈그레이스 켈리 분〉는 전 남편 덱스터〈빙 크로스비분〉의 주변배경과 지식이 우수해 외교관 등 멋진 직업을 가질 수 있었으나 그의 현실은 겨우 딴따라였다. 이에 못마땅한 트레이시는 믿음이 가는 조지(존 런드)와 재혼하기로 결심을 한다.

결혼식을 취재하기 위해 기자 마이크〈프랭크 시나트라분〉도 온다. 그러나 트레이시를 여전히 사랑하는 덱스터는 재즈 뮤지션들을 이용해 공연을 보여주며, 트레이시의 마음을 돌려놓으려고 한다. 트레이시는 자신의 인생을 망쳤으면 됐지 덱스터가 재혼까지 방해한다고 신경질을 낸다.

딸과 소원했던 아빠도 오고 결혼 하객들이 도착하고 춤판이 벌어진다. 트레이시는 마이크가 부르는 노래에 빠져 술을 마시고 잠들었다. 몸을 못 가누는 트레이시를 염려한 재혼 예정자에게 마이크는 아무 일 없었다고 하며 키스를 두 번 했다고 한다. 트레이스는 오히려 화가 난 목소리로 마이크에게 묻는다. 키스 두 번 한 것이 다냐고 따진다.

"왜요? 내가 매력이 없어서. 차갑고 냉정하고 무서워서?" 마이크
는 "당신은 매력 있고 차갑거나 무섭지 않다. 술에 취해 정신을 잃은
사람에 대한 최소한의 나의 예의였다." 소중한 정조를 지킨 것이 내
의지가 아니라 그의 예의 바른 행동 때문이었다고 트레이시는 마이
크를 칭찬한다.

그리고 조지에게 그것에 좌우지 되면 결혼하기 싫다고 파혼을
선언한다. 결혼선물로 '진정한 사랑'이라는 돛단배를 선물했던 덱스
터는 트레이시의 마음을 사로잡고 두 사람은 결혼행진곡이 울려 퍼
지는 식장으로 들어간다. 삼류 잡지기자 마이크는 회사를 그만두고
동료 사진기자와 사랑이 빠진다. 루이 암스트롱은 트럼펫을 힘차게
불고 이야기는 여기서 끝난다. 맘마미아가 영화 상류사회 스토리를
따온 것 같은 느낌이다. 상류사회는 진실한 사랑이라는 것이 영화의
메시지다. 특히 그리스 왕비가 되기 전 그레이스 켈리의 마지막 영
화이었기에 사람들의 관심이 높았다. 그레이스 켈리가 이 영화를 끝
으로 은퇴를 하고 모나코 왕비가 되었고, 52살 운전 중 뇌출혈로 낭
떠러지에 떨어져 사망했기에 이 작품을 아련하게 기억한다.

사람들은 왜 영화를 볼까?

책에서는 동화가 있지만 현실에서는 동화가 없다. 그런데 한 끼

밥값이면 좋은 시설에서 영화를 보며 주인공과 일체감을 느끼며 꿈을 꾸고 주인공이 겪는 고난을 자신과 대비하며 위로받지 않았을까? 스트레스도 풀고 호기심도 챙기며 연인과 더 가까워지며 친구와 우정을 깊게 하는데 영화가 역시 가성비 갑이다.

장명부 투수와 31빌딩, 그리고 김중업

장명부 선수

한국 프로야구 원년인 1982년에는 박철순 투수, 1983년에는 장명부 투수, 1984년에는 최동원 투수가 야구 영웅이었다. 박철순 투수는 한 시즌에 22연승을 이루며 OB 두산을 우승으로 이끌었고, 최동원 투수는 한국 시리즈에서만 4승의 투혼을 통해 롯데 우승을 이루었다. 82년 인천이 연고인 삼미는 최하위였는데, 기량이 워낙 떨어져 KBO는 재일동포 선수를 받아들이기로 하고, 삼미에 장명부 선수를 지명해주었다. 계약금 4,000만원, 연봉 4,000만원이라고 알려졌지만 실제는 계약금 4,860만원, 연봉 8,100만원에 세금, 아파트, 승용차 제공 등 6,000만원을 옵션으로 받았다.

대졸 초봉이 20-30만 원대에 한 달 10만 원 이하로 생계를 이어 간 노동자들도 많았고, 당시 국내 최고 연봉 선수이던 OB의 박철순 투수가 2,400만 원을 받았던 것을 보면 거액이었다.

장명부는(후쿠시 히로아키 福士 敬章, 1950년~2005년) 부친은 한국인 모친은 일본인 1974년에 일본에 귀화한 한국계일본인이다. 그는 요미우리에 입단하였고 14년 일본 프로야구에서 업적을 이루고, 1983년 한국 프로야구(KBO)의 삼미에 입단하면서 장명부라는 한국 이름을 사용했다.

키 183cm, 체중 92kg, 시속 150km에 가까운 속구에 제구력 등이 뛰어났다. 1983년 삼미 슈퍼스타즈에서 30승(선발 28)16패 6 세이브라는 기록을 남겼는데, 이 기록은 KBO 리그의 단일 시즌 최다 승이고 427⅓이닝이라는 단일 시즌 최다 이닝 투구 역대 선발 20승 이상 투수 중 가장 많은 최다 탈삼진 220개 6완봉승을 이루었다. 타율 최하위의 선수들 가운데 얻은 30승이었다. 당시 만년 꼴찌인 삼미가 장명부를 통해서 일어나자 나를 포함해 나름 팬덤이 많았다. 장명부를 통해서 한 단계 한국 야구수준이 올라갔다. 최고의 실력과 업적을 이룬 그는 재외교포란 이유로 MVP가 되지 못하고 오히려 왕따가 된다. '나의 국적은 한국도 아니다 또한 일본도 아니다. 나의 국적은 현해탄이다'라는 장명부 투수 말이 경계선에 있는 그의 처지를 대변하고 있다. 장 투수의 업적은 물론 전설이지만 실은 구단의 무지하고 비과학적인 스토브리그와 장 투수의 과욕심이 겹친 결과로 장명부라는 선수는 결국 1년 만에 다 소모된 선수가 되고 말았다. 30승을 하면 1억을 준다는 구단주의 말에 속아 장명부는 과부하가 걸렸고, 이 일로 인해 돈도 제대로 못 받고 몸만 망가지게 되고, 이런 요구를 강하게 하는 장명부에 대해 구단주들 사이에게 왕따가 되어 그의 이후는 야구 미아가 되었다.

삼미 그룹이 어려워지면서 청보가 삼미 구단을 인수한 1985년에는 장명부 투수는 단일 시즌 최다 패배 기록인 25패를 당했다. 그는 1986년 빙그레 이글스에 이적했다가 현역에서 물러났다. 이후 삼성 라이온즈 2군 투수코치 롯데투수코지를 맡았지만 해임되었다. 마약으로 우울한 상황을 넘으려고 한 그는 1991년 5월에 박찬, 성낙수와 함께 필로폰을 사용한 혐의가 드러나 마약 사범으로 구속되었다. 결국 미운털이 박힌 KBO에서 영구 제명되고, 한국에 영구 입국 금지 명단에 올랐다. 그는 더 이상 한국에 올 수 없었으며 잊혀진 인물이 되었다.

SK 와이번스에서 2004년 4월 4일 문학야구장 첫 개막전에 장명부를 초청하려고 했으나, 그의 행적을 도무지 찾을 수 없어 초청을 포기하고 감사용으로 대체하였다. 야구와 등진 삶을 살던 그는 개인적 불행이 겹치고 택시 운전 등 생존을 위해 버티다가 마약방을 차리고 스스로 마약에 취해 살다가 2005년 4월 56세로 운명한다. 사인은 마약중독이었다. 그가 죽은 책상 위에는 일본 어느 영화 대사가 적혀있었다.

"떨어지는 낙엽은 가을바람을 원망하지 않는다"

그가 눈물을 흘리며 성찰한 이야기를 들었다. "내가 20승에서 멈추었다면, 그리고 곤란한 상황이 생기면 한국어를 못한다고 하며 숨지 않았다면...." 어느 지도자가 생기면 그 사람을 중심으로 소비하고 어느 유명인이 나오면 그 중심으로 만들어지는 대중문화의 이면에 위험한 것들이 얼마나 많은지 생각하게 된다. 무엇인가 최고가 되려고 하려는 욕구를 건드리는 유혹에서 스스로 자유인이 되는 것이 구원이고 해탈이 아닐까?

3.1빌딩

청계천 2가 31층 삼일빌딩은 삼미 슈퍼스타스가 속한 삼미그룹이 지은 건물이고 삼미그룹의 본사였다. 현재는 123층의 롯데월드타워가 최고층이고, 그 전에는 63빌딩이었지만, 1970년~1979년까지는 삼일빌딩이 한국 최고층이었다. 종로구 관철동, 도로명 청계천로 85에 위치한 삼일빌딩은 현대건축사에서 갖는 의미가 남다르다. 최초의 철골구조 건물이기 때문이다. 높이 114m에 31층의 이 건물은 1969년 4월 착공돼 1970년 10월31일 준공됐다. 시공은 삼환기업이 맡았다. '한국 최초의 철골구조 최고층 삼일빌딩은 용산구 한남초등학교에서 안국역까지 이어지는 삼일로에 위치해 있어 삼일로빌딩으로 불려졌다. 이 책이 31가지의 이야기로 구성했는데 여러 이유를 담았다.

삼일빌딩은 완공 후, 소유주가 여러 번 바뀌었다. 삼미그룹은 1985년 경영난에 몰리면서 산업은행에 매각했고, 산업은행은 2001년 홍콩 스몰락인 베스트먼트에 팔았고, 현재는 SK계열사인 SK D&D 등이 소유하고 있다. 54년 전 건설한 빌딩이라고 보기 어려울 정도로 지금도 세련된 모습이다. 더욱 2019년 리모델링을 정림건축이 설계하고 KCC건설이 시공했다. 정림 건축은 리모델링 설계에서 역사적 맥락을 그대로 담아내는 것에 주력했다. 삼일빌딩은 외관의 동색 메탈 커튼월이 특징인데, 이를 살리기 위해 커튼월 유리를 가장 유사한 색상으로 골라 동색 외관을 만들어낸 것이다. 2013년 서울시는 삼일빌딩을 서울미래유산으로 선정했다. 이 특별하고 건축학적으로도 뛰어난 설계를 한 분이 시인이며, 건축가인 김중업(1922년~1988년)이다.

김중업은 건축가이지만 박 정권시절 늘 민주인사에 언급되는 인물이었다. 70년대 중반 기독교사상인 것으로 기억되는데 인터뷰 기사를 읽은 적이 있다. 기자의 질문은 건축과 민중운동이 어떤 연결이 되며 건축에 민중운동이 가능한가?란 질문이었다. 김중업은 답하기를 민중건축은 당연한 것이고, 민주주의와 건축은 정비례한다고 한다고 했다. 그는 독재 정권의 건축문화를 예리하게 비판했다. 1970년 4월, 준공 4개 월 만에 와우 아파트가 붕괴하자 동아방송에 출연하여 김현옥 서울시장을 강하게 비판하였고, 결국 박 정권의 블랙리스트에 올라가게 된다. 이후 1970년 8월 서울시 철거민 이주를 위해 졸속으로 추진되다 대규모 시민 봉기를 야기했던 경기도 광주 대단지 사건이 일어났을 때, 또 다시 동아일보에 기고문을 기재해 양택식 시장을 비판한다.

김중업은 이전에도 5.16 쿠데타 과정에서 육사 생도들이 쿠데타 지지 행진을 하자 "지금이 어느 땐데 관제 데모냐"라고 비판한 글이 언론에 보도된 적도 있었고, 박정희의 측근이 동빙고동에 에스컬레이터를 설치한 호화주택을 짓자 '로마 제국 말기 현상'에 비유하며 신문에 비판 칼럼을 쓴 적도 있었다. 그 과정에서 김중업은 중앙정보부에 끌려가 고문을 당했다. 이런 점에서 박통, 김현옥과 친하게 지내며, 정부 건축물을 수주한 김수근과는 대비가 된다. 김중업은 1971년 11월에 3개월짜리 단수 여권으로 강제 출국당해 프랑스에 거주하게 된다. 3개월 여권이 만료된 후에는 무국적자가 되어 불법 체류 신분이 되었지만, 주한 프랑스 대사관 건축으로 받은 프랑스 슈발리에 훈장 덕분에 프랑스에서의 체류는 가능했다. 프랑스 밖으로의 출입국은 안 되는 반쪽짜리 체류였다. 강제 추방 외에도, 표적

세무조사로 인해 거액의 세금이 추징되기도 했고, 이 때문에 설계비 미수도 제대로 받지 못하는 등의 시련이 이어졌으며, 성북동 자택도 경매로 날아가고, 소장 석물 등도 모두 매각되어 빈털터리가 된다.

25살 서울대 건축학과 조교수였던 그는 배움에 관심이 많아 현장일 만이 아니라 학술대회에 늘 참여하였다. 1972년 3월에는 현대 건축의 상징적 인물인 르 코르뷔지에 재단 이사로 선임되었으며, 1974년에는 프랑스 공인건축가로 인정받았고 이후 정부와 실갱이 끝에 여권을 받고 미국으로 이주하여 영주권을 취득했다. 디자인 스쿨 중에 최고로 꼽히는 곳인 로드아일랜드 디자인 스쿨, 그리고 하버드 대학교에서 교수직을 역임한다. 1978년에는 파리건축대학에서 명예학위도 수여받는다.

1970년 삼일빌딩 이전의 김중업 대표작품으로는 건국대 도서관(1956), 명보극장(1956), 부산대학교 본관(1956), 서강대학교 본관(1958)에 이어 드라마센터(1959) 1960년에는 주한프랑스대사관을 설계한다. 콘크리트로 지붕 처마선을 직선과 곡선으로 처리한 형태와 단아한 전체구성 및 공간처리는 한국의 얼과 프랑스다운 우아함이 잘 어우러진 건물로 평가된다. 설씨 청평산장(1962), 제주대학 본관(1964), 서병준 산부인과의원(1965), 부산 UN묘지 정문(1966), 홍익대학교 본관(1968) 등이 있다. 1970년대 외국에 체류하며 설계한 작품으로는 성공회회관(1974), 한국외환은행본점(1974) 등이 있고, 1979년 귀국 후에는 KBS국제방송센터(1988), 올림픽공원 상징조형물(1988) 등을 설계하였다.

김중업의 건축은 기능에 충실해야 하지만 아름답고 감동을 주는 작품이라고 말했다. 시인이었던 그의 감성이 건축에 담겼다. 수많은 문인 예술인 청년과 진보적 인사하고의 교류였다. 김중업은 1947년 서울대 건축과 조교수 구상, 조병화, 김환기, 박서보, 이중섭과 교류 했고, 부산 피난 시절 맏형 역할을 했던 조병화를 위해 송도 앞에 패 각의 집 설계를 했고, 세계 건축의 흐름을 알고 싶어 하는 김중업에 게 많은 문인들이 여비를 모아주었으니, 이들은 선한 유대와 우정이 보기 좋다. 이런 도움을 받고 김중업은 현대 모더니즘 건축을 이룩 한 르 코르뷔지에(1887~1965)를 만나 3년 이상 많은 배움을 받고 귀 국 후 한국모더니즘 건축을 실현했다. 김중업 건축가는 '시대를 보 는 목격자여야 한다, 사회적 발언을 주저하지 말아야 한다'는 그의 말이 나에게는 크게 들린다. 고문과 고난을 겪으며 하신 이야기이기 에...

28. 현 엘리스와 박헌영

정동에 첫 끽다점이 열렸다. 손탁 호텔에...마실 끽(喫)과 차 다(茶)를 합친 말이다. 먼지가 눈에 들어가 신경 이상이 오면 눈물이 나와 몸을 보호한다. 그래서 눈물은 선물이다. 극한 슬픔이 있을 때 눈물을 폭풍처럼 나오게 해서 몸이 안 좋은 생각으로 가는 것을 막으려 감정 상태를 조절시킨다. 커피 내려지는 모습을 천사의 눈물이라 부른 이유다.

고종이 외국어 교육을 위해서 헐버트, 벙키, 길모어를 조선에 불렀다. 고종은 이들과 손탁 호텔 1층에서 커피를 마셨다. 돈을 벌려고 코리아에 온 세 외국인 남자는 고종과 대화하면서 돈이 아닌 조선을 위해 할 수 있는 것에 이들은 점점 의기투합해갔다. 고종은 시간이 나면 통역사이며 호텔경영인인 손탁 커피를 마셨다. 고종의 사고의식은 점점 진보로 바뀌고 왕정 강화만이 아닌 시민 민주주의를 가슴에 품게 된다. 커피의 어원 '힘'이다. 조선을 위한 힘으로 커피는 역할을 했다. 손탁 호텔을 기억하고 손탁 커피를 기억하는 이유다. 손탁 호텔은 러시아 건축가 사바틴이 지었다. 사바틴은 독립문 등 기념적인 건물을 많이 남겼다.

조선인이 세운 인사동 첫 끽다점 〈카카듀〉

현순과 현엘리사

1928년 9월 영화감독 이경손과 통역가인 현 엘리스가 지금의 인사동 인사아트센터 위에 있는 '도채비가 반한 찻집' 자리에 〈카카듀〉를 오픈했다. 〈카카듀〉는 이국적인 이름이지만 그만큼 이경손과 현 엘리스는 앞서갔다. '카카듀'라는 이름은 오스트리아 작가 아르투어 슈니츨러가 1899년에 쓴 희곡 '초록앵무새(Der grüne Kakadu)'에서 따왔다. 슈니츨러는 프랑스 좌파들이 모이던 가상의 카페 '카카듀'를 무대로 프랑스혁명의 도화선인 1789년 바스티유감옥 무기를 탈취하는 내용을 다룬 희곡이다. 슈니츨러의 독일어 희곡을 읽은 이경손은 여기서 영감을 얻어 카페 이름을 '카카듀'라고 지었다.

영화 밀정에도 등장하는 끽다점 〈카카듀〉를 조선인이 세운 첫 카페라고 해도 과언이 아닐 것이다. 가게를 오픈하면서 영화포스터가 전시되었고, 저항함으로 존재하는 청년들이 모였고 그 중심에 미인 현 엘리스가 있었다. 이경손과 현 엘리스는 오촌 친척이었고 당시 이십대 중반이었다. 이경손은 대를 이어온 한의원이었고 유복했고

영화 밀정에 나온 카카듀 세트장과 이경손 감독

또 탐험심이 많아 십대에 이미 일본으로 유학을 가서 공부를 하고, 스무 살부터 영화와 연극공연을 연출제작을 하였다. 반면 현 엘리스는 현순목사의 딸인데, 현 목사는 독립운동가로 손정도 목사를 도와 상동교회와 정동제일 감리교회에서 목회를 했고, 3.1만세 이후는 상해임시정부에서 중요한 임원을 맡게 된다.

경영자들이 지닌 세계적 휴머니즘과 창의적인 사고와 예술혼 넉넉한 성품으로 〈카카듀〉는 잘되었다. 그러나 두 사람은 카페를 차린 목적이 영업이 아니라 사회주의를 지향하는 독립운동의 아지트를 만드는 것이었는데, 워낙 유명세를 타고 두루 밀고가 경찰 정보부에 들어가 얼마 후 요시찰이 되고, 탄압이 시작되자 두 사람은 홍콩으로 간다. 그리고 현 엘리스의 운명은 거센 폭풍을 만나게 된다. 그녀를 기억하는 이유다.

〈카카듀〉 정신을 이은 조선 청년들이 끽다점을 창업하기 시작했다.

복혜숙의 '비너스', 영화배우인 감인규의 '멕시코'. 이상의 '제비', 극작가 유치진의 '플라타느' 등이 세워졌다. 그중 대표적으로 소공동에 〈낙랑파라〉가 생기는데 일본과 파리에서 유학한 화가 이순석이 만들었다. 요즘 갤러리카페보다 더 전문적인 미술아지트였다. 그는 나중에 서울대 미대 교수로 정년퇴직한다. 1932년에 세워진 이 낙랑파라는 문인 예술인 연기인 등 다다이스트 아방가르드를 지향하는 이들의 아지트였다. 이곳에는 매일 시인 이상, 구본웅 외에 구인회, 길진섭, 김용준, 변동욱, 소운, 박태원 등이 출근을 했다.

이상이 '더치페이'를 열다.

같이 차를 마시면 그중 한사람이 찻값을 치른다는 것은 관습이다. 그러나 이상은 이런 습관을 깬 선지자였다. 희희낙락 담소하다가도 일어설 때는 자신이 마신 찻값으로 10전 경화(硬貨)를 테이블 위에 내놓는 것을 잊지 않았다. 이경손은 홍콩을 거쳐 동남아로 진출해 마지막에 태국에 정착해 K 문화한류의 전도사 사업가가 되었고, 현 엘리스는 상해로 가서 아버지와 함께 독립운동을 진행했고, 특히 박헌영, 여운형, 주세죽과 어울린다. 여운형과 박헌영 두 남자가 현 엘리스에게 구애를 했다는 것은 주변에 많이 알려진 사실이다.

당시 상해 교민사회는 러시아에서 시작된 사회주의 물결을 받을수밖에 없었다. 1917년 혁명 이후 세계 사회주의 운동의 중심이 된

러시아는 고국을 잃은 조선인들이 기댈 언덕이 되었다. 독립 운동가들이 사회주의로 빨려 들어간 이유다. 현순 목사와 현 목사의 아들은 현 엘리스가 박헌영과 결혼을 했으면 하는 마음이 있었지만, 현 엘리스는 박헌영은 동지라고 못 박고, 1927년 일본에서 만난 정준 변호사와 결혼한다. 그러나 시댁의 권의적인 모습, 남편의 나태함, 더욱 남편이 총독부 관리로 들어가자 결혼을 정리하고 한국에 와서 카카듀를 운영했다.

현 엘리스는 해방이후 미군청정 장교인 중위로 와서 통역 역할을 하고 맥아더를 보필하기도 한다. 그녀는 미군들에게 공산주의를 반대하는 군인이 아니라 공산주의와 벗이 되어야 하는 세계적이고 이념을 넘는 미군이 되어야 한다고 주변에 늘 말했다. 미 군정청이 한국 내에서 사회주의를 탄압해서는 안 된다고 했다. 또한 그녀는 국내 사회주의자들이 우물 안에 있지 말고 세계 사회주의자들과 연대하는데 도움을 주었다. 미군청정이 반공이 국시로 하는 정부를 탄생시키는 역할이 되지 않도록 노력했다. 그러나 이런 그녀의 노력은 당시 미국경제 불황을 공산주의로 몰고 간 미국 내 매카시 광풍에 밀려서 미 군청에서 해고 통보를 받고 한국에서 추방된다.

그녀에게 남은 것은 박헌영과 같이 북으로 가는 길이었다. 2015년 정병준 교수가 쓴 '현 엘리스와 그의 시대'를 보면 해방 후 남한과 북한 모두에서 그녀는 이방인으로 자리했다. 그녀는 자신이 성장했던 남한에 속할 수 없었다. 남한은 상해 시절의 '혁명동지'인 박헌영과 여운형이 탄압받는 '반동적' 미군정과 이승만의 세계였다.

이제 그녀가 꿈꿨던 이상적인 모국은 북에 존재하는 것 같았다. 미국 시민권을 포기하고 체코를 거쳐 지구 반 바퀴를 돌아 평양에 도착했을 때 그녀가 마주한 것은 낯선 세계였다. 그 곳은 그녀가 깃들고자 했던 이념과 사상의 조국이 아니었다. 그녀의 비극적 삶을 완성하는 죽음의 심연이 기다리고 있었다.

전쟁이후 박헌영은 권력투쟁에서 밀려 1955년에 처형된다. 처형이유는 미군청정과 박헌영이 현 엘리스를 통해 교신했다는 내용이다. 그리고 1956년 현 엘리스도 처형된다. 어떤 사람들은 그녀를 한국의 마타하리라고 한다. 그런데 현 엘리스는 늘 같은 마음으로 같은 일을 했을 뿐이다.

고종이 손탁의 이야기를 들음으로 의식의 전환이 온 것처럼 미국과 북이 그녀를 해고하거나 처형한 것이 아니라 또 남 정부가 공산주의자라고만 생각하지 않고 그녀가 가진 참 애국심과 민권운동 더불어 가는 사회주의로 받아들이고 경청했다면 어떠했을까? 자본주의는 술과 같고 도박과 같다. 술이 맛있고 도박이 재미있다. 그래서 과하게 되고 중독이 된다. 나는 요즘 한국사회가 그동안 성장에 미쳐서 이제 후유증이 오기 시작했다고 생각한다. 커피 한 잔이 마음의 평화를 주는 것처럼 천천히 가는 것과 나누며 가는 것 그리고 더불어 가는 가치를 지향해야 한다고 생각한다. 엘리스를 만나 이야기를 듣고 싶다. 자본주의일수록 사랑이 더 필요한 이유다.

29. 이효석과 왕수복

이효석(1907~1942)은 왕수복(1917~2003)에게 월트 휘트먼의 시를 읽어준다.

> 태양이 그대를 버리지 않는 한
> 나는 그대를 버리지 않겠노라
> 파도가 그대를 위해
> 춤추기를 거절하지 않는 동안
> 나뭇잎이 그대를 위해 속삭이기를
> 거절하지 않는 동안
> 내 노래도 그대를 위해 춤추고 속삭이기를
> 거절하지 않겠노라

이 시를 들려준 이유는 왕수복의 이야기에 대한 답변이었다.

"나는 늘 걱정이예요. 당신과 대화할 때 나의 지식이 짧아서 혹여 답답해 할까봐. 그리고 당신 친구들과 함께 하는 자리에서 천하고 무식한 기생애인으로 여겨져 당신이 나를 잠시라도 부끄럽게 여길까봐서요." 휘트먼의 시를 들은 왕수복은 "천한 기생출신 유행가수를 당신의 가슴에 담기에는 당신은 너무 높지만 내 가슴은 당신의 야윈 모습이 더 아프게 가슴 속에 헤집고 들어옵니다."

그녀의 노래는 1934년 1월 일본 전역에 중계 방송된다. 그녀의 '눈의 사막', '고도의 정한', '아리랑 조선민요'가 울려 퍼지면서 열도에서 반향을 불러일으킨다. 식민지시절 이 소녀에게서 조선인은 민족 자부심을 깊이 느꼈다.

　　왕수복이 24살 때 34살 이효석을 사랑하게 되었고 이효석의 제자 7명이 왕수복 집에 찾아왔다.

　　"부탁입니다. 우리 교수님을 사랑하지 마세요."

　　"왜요, 사랑하면 안 되나요?"

　　"선생님이 사모님을 잃은 뒤에 몸이 많이 약해지셨어요. 폐가 좋지 않으시고... 사랑하지 않으면 안 되겠습니까."

　　"참 고마운 학생들이네요. 교수님의 건강까지 근심하시니... 하지만 교수님은 여자가 사랑해야 더 건강해지세요. 마음이 약해지고 정신이 허기지고 삶이 힘겨울수록 사랑이 필요한 거 아닐까요? 학생들 무슨 차를 드릴까요, 커피 어때요?"

　　학생들은 가만히 차를 마시고는 돌아갔다. 학생들의 조언처럼

1942년 이효석은 뇌막염으로 병석에 눕고, 20여일 만에 36세로 죽게 된다. 왕수복은 이렇게 흐느꼈다.

"나는 오래 전부터 소설가 남편을 만나 소설처럼 결혼생활을 해보는 것이 소원이었지요. 꿈처럼 당신을 만나고 나는 그 꿈속에 들어가 2년을 살았습니다. 내가 태어나 오로지 존경하고 사랑했던 유일한 사람이었습니다. 당신의 교양과 인격을 생각한다면, 나는 감히 당신 곁에 잠시 머무르기도 벅찬 존재였지요. 짧았지만 나를 깊이 아껴줘서 고맙습니다."

그러나 이런 마음 고백과는 별개로 왕수복은 보성전문학교 경제학 교수인 김광진을 만난다. 이효석은 정치가인 유진오와 친했다. 왕수복이 유진오와 만난 자리에 김광진이 있었다. 김광진은 아내가 있었고 노천명 시인과 연애를 했다. 유진오는 김광진-노천명 연애 사건을 소설 속에 녹여 화제를 낳았다. 본처와 헤어지기로 한 김광진은 노천명과 약혼을 했다. 하지만 이혼은 본처의 반대로 지연되었고 약혼은 깨졌다. 이런 가운데 왕수복을 만난 것이다. 노천명은 김광진이 왕수복과 만난다는 소문을 듣고 큰 충격을 받았다. 애인을 잃은 실의와 기생 출신 유행 가수에게 사랑을 양보해야 했다는 자괴감이 사슴이란 시를 탄생시킨 것 같다.

왕수복과 재혼한 김광진은 해방 후 김일성대학 교원으로 임용되고, 1952년에는 경제법학연구소장을 맡는다. 왕수복은 딸 김정귀와 아들 김세왕을 낳았다. 김광진은 1953년 문화선전상 부상인 정율에게 아내 왕수복을 소개한다.

"저의 처입니다. 오랫동안 가정생활에 파묻혀 있었는데 다시 노래를 부르고 싶다고 하네요." 이후 왕수복은 중앙라디오 방송위원회 전속가수가 되어 출연한다. 1955년에 북이 소련 파견 예술단 18명을 선발할 때 최승희의 딸 안성희와 함께 뽑혀 순회공연을 다닌다.

우즈베키스탄공화국에 갔을 때 그녀는 '봄맞이 아리랑'을 불러 타슈켄트 동포들에게서 열렬한 환호를 받고, '조선가요의 여신'이란 호칭을 얻는다. 앙코르 무대서 관객 한 명이 꽃다발을 들고 올라와 그녀 앞에 큰 절을 하며 손수건으로 눈물을 닦는 감동적인 장면도 있었다. 그녀는 이때를 기억하며, 이렇게 말했다.

"모국어를 전혀 모르는 소련 조선인이 저토록 환호하고 박수갈채를 보내는 것은 무엇 때문일까 생각을 깊이 하게 되었습니다. 민족의 얼이 피와 함께 흐르는 모양입니다." 왕수복은 1955년 국립교향악단 가수로 김일성 앞에서 경기민요 '긴 아리랑'을 불렀고, 김일성은 박수를 치고 재청을 했다. 옆에 있던 외국인들에게 "민족적 감정이 풍부해서 참 좋은 가수"라고 그녀를 설명했다.

이후 김일성은 왕수복을 거론하며 "조선 사람은 조선노래를 들어야 구수하고 듣기가 좋다. 왕수복의 노래는 모두들 좋아하니 연구해볼 필요가 있다"고 칭찬한다. 이후 공훈배우로 인정받는다. 이후에도 왕수복은 북에서 극진한 대우를 받는다. 그녀의 환갑날 김일성은 환갑상을, 1997년 팔순에는 김정일의 생일상을 받는다. 2003년 86세의 왕수복은 북한 애국열사릉에 묻힌다.

이 실화이야기가 영화 '해어화'의 내용이고, 이 영화에 나온 배우가 한효주와 천우희다. 얼마 전 '모던정동'이란 연희극을 보았다. 무용극인데 세계적 작품으로 손색이 없었다. 2024년 한 무용수가 백 년 전인 1924년 정동으로 들어가 정동 100년 역사를 우리 현대무용으로 표현한 작품이다. 정동 예원여중 자리에 있던 언더우드집도 보인다. 새문안교회 원래 이름이 정동교회였던 이유다.

이성계가 가장 사랑한 여인 신덕왕후가 41살 심부전증으로 죽은 것이 안쓰러워 당시 불가능한 4대문 안에 정릉을 만들었다. 정(貞)이란 단어는 조선여인에게 들려주는 최고의 언어였다. 지금의 정동인 이곳에 있었던 손탁 호텔과 공사관 미스터션샤인 배경이 있던 이곳을 보며 나 역시 역사 백 년을 품고 살고 나를 보는 듯 했다. 모던정동을 보면서 나는 내내 기생이었고 풍류로 사셨던 작은 할머니와 문화적 화해를 생각했고 또 영화 해어화가 기억났다.

명보극장 앞에 '이순신 생가터' 표지석이 깨끗하다. 1985년 10

이순신 표지석 앞에 있는 이정임 여사

월 표지석이 생긴 이후 매일 아침마다 지금까지 39년간이나 이 표지석을 닦는 분이 계시기 때문이다. 이정임(89세)여사에게 누가 시킨 것도 아니고 이 분에게 어떤 의무가 주어져서가 아니라 명보

극장 앞에서 신문가판대를 하면서 아침 출근하면 매일 표지석 주변을 청소를 하고 표지석을 닦았다고 했다. 구국의 영웅인데 주변이 정결해야하겠다고 생각했기 때문이다.

아침에 오면 침과 꽁초 휴지들 그리고 비둘기 똥이 가득한데 불경스럽다는 생각이 들어 제일 먼저 청소부터 한다는 것이다. 지금은 관절염으로 보행이 힘들지만 표지석 주변을 청소하는 일이 하루 중 가장 행복한 시간이라고 하신다. 이런 숨은 노동자들이 있음이 뭉클하다. 이정임여사의 이런 모습이 아름답고 귀해 덕수 이씨 종친회는 여사에게 감사패를 드렸다.

이 표지석에서 더 안으로 150미터 들어가면 골목에 진짜 이순신 생가터가 나온다. 이십년 전 중구청에서 문헌을 통해 생가 터를 찾고 중구청장을 비롯해 오십여 분이 이순신생가 기념위원회가 만들어졌지만 그동안 아무런 사업이 진행되지 않았다. 그나마 2017년 4월 28일 이 건물입구에 이순신 생가 터라고 성신여대 서경덕교수가 건물주의 동의를 얻어 자비로 동판을 설치하였다. 작년부터는 서울시가 생가 터를 기념하는 무엇인가를 한다는 반가운 이야기를 들었고, 남산한옥마을에 충무공기념관을 만들 것이란 반가운 소식도 접한다. 우선 종묘에서 대한극장까지 1Km 공중보행로를 조만간 철거한다는 계획을 취소하고, 공중보행로를 거북선로로 명명했으면 하는 제안을 나는 한다.

생가였던 지금의 건물에 애정다방이 있다. 다방 사장과 이야기를 나누었다. 건물대장을 보니 1966년 준공된 것으로 나온다. 건물 준공부터 다방이 있었는데, 애정다방의 과거 이름은 칠다방이라고 하여 칠이 무슨 뜻인가 물었더니 '7' 이라 한다. 20년 전 인수하여 지금까지 운영하고 하고 있다. 쌍화차가 맛있었다.

다방 사장님은 여러 가지 이야기를 들려주었고 건물 모서리에 옛날 이순신이 여기서 태어나 어린 시절을 보냈다는 절구 모양의 돌 비석이 있었는데, 사람들이 절구 구멍을 시멘으로 막았고 절구 둘레를 시멘으로 덧칠해서 모양이 변형되었지만 아직 있다고 해서 그 자리를 찾아 사진에 담았다. 건물주소가 인현동1가 31-2이고 도로명은 을지로길 18길-19다 건물이름은 신도빌딩이다.

이순신을 특별히 존경했던 왕은 정조였다. 정조는 이순신을 영의정에 추증했고, 이순신의 신도비를 세우고, 신도비명(神道碑銘)을 직접 지었다. 정조는 이순신의 전집 편찬을 명하기도 하였다. 이 건물 이름이 후에 이순신 신도비에서 따온 것인가? 란 궁금함이 들었다. 담에 이 길을 지나면 건물주에게 물어봐야겠다.

계동 현대건설 옆에 있는 한옥카페 어니언은 1934년 무렵 지어졌다. 을사늑약 체결을 끝까지 거부하다가 감금된 의정부 참정대신 한규설의 손자인 한학수(1907~1992)가 살던 집이다. 며칠 전 종각 바로 옆에 있는 할리스커피에 갔었다. 이곳이 카프(KAPE 조선 프롤레타리아 예술가동맹)를 품은 한청 빌딩이라고 말한다. 아버지는 1953년 창간된 '사상계'를 읽으셨고, 나는 1957년도에 창간된 '기독교사상'을 즐겨 읽었다. 사상계는 한청빌딩4층에 있었고, 기독교사상은 그 옆에 있는 대한기독교서회에서 나왔다. 아버지는 글씨가 예술이었는데 당신의 노트에는 사상계에서 읽은 글들을 늘 메모해 두셨다.

한학수는 일제강점기에 사업 등을 통해 자산가가 되었고, 1935년 종로 4거리에 이 건물이 완성되었다. 설계는 조선총독부, 경성제국대학, 종로백화점, 간송미술관 등을 설계한 조선인건축사 1호이며 당대 최고의 건축가인 박길룡(1898~1943)이었다.

한학수는 1937년 신축된 화신백화점 실소유주로 박흥식과 화신백화점 지분을 공동 보유했다. 큰 부를 형성한 그는 사회사업과 교육사업을 하였고, 그가 만든 문영학원은 서울여상 문영여중고를 만들었다. 그는 조부의 애국심에 심취되었고 독립운동에도 간여하며 해방이후 오늘날 더불어민주당의 원류가 되는 고려민주당 조선민족당 창당에 실제 기여자였고, 계동에 있는 그의 집은 민족주의 독립운동가들의 아지트였다. 또 그는 사회민주주의 정치관을 갖고 있어서 해방 전후 우리나라 좌파성향의 예술인들과 청년들의 아지트로 한청빌딩이 사용될 수 있도록 배려했다. 한청 뜻은 자신의 성과 청춘들을 결합한 韓青이다.

원로작가 김병기가 이쾌대(李快大, 1913~1965)를 여기서 만나 미술은 장식품이 아니라 시대정신이라고 의견을 모으고, 4괘는 봉건주의 발로이니 빼고 태극모양만 넣는 태극기에 대한 미술인의 뜻을 남기기도 한다. 이후 한청빌딩은 연세대학교재단으로 옮겨졌고, 총장인 백낙준은 통 크게 4층을 장준하에게 내어줌으로 사상계가 탄생되었다. 사상계는 자유당 공화당 군사정권에서도 황석영, 김지하, 이청준 같은 문인과 학자들이 배출되는 통로가 되었다. 사상계는 지면 100페이지에서 시작되었지만, 독자들 요청으로 400페이지로 늘어났고, 만부가 발행되며 지식과 저항의 허브 역할을 했다.

1958년 함석헌이 기고한 〈생각하는 백성이라야 산다〉라는 글로 인해 함석헌과 장준하가 국가보안법 위반 혐의로 남산에 연행된다.
"남한은 북한을 소련·중공의 꼭두각시라 하고 북한은 남한을 미국의 꼭두각시라 하니, 남이 볼 때 있는 것은 꼭두각시뿐이지 나라가 아니다. 우리는 나라 없는 백성이다. 6·25는 꼭두각시의 놀음이었다. 민중의 시대에 민중이 살았어야 할 터인데 민중이 죽었으니 남의 꼭두각시밖에 될 것이 없지 않은가?"

이후 자유당의 독재에 반발하여 권두언을 백지로 출판한 1959년 2월의 백지 권두언 사건, 1964년에는 박정희 대통령에게 부치는 공개장이라는 기고문이 문제가 되어 또 한 번 편집진들은 남산에 끌려가 코렁탕 고문을 당하고 광고 취소를 비롯한 많은 압박을 받는다. 1970년 김지하가 사상계에 투고한 풍자시 오적으로 인해 격노한 V1에 의해 김지하를 비롯하여 편집진들이 다시 한 번 수감되고 쇠고랑을 찬다. 사상계는 반공법을 어긴 혐의로 1970년 9월 법원에 의하여 폐간된다.

영웅은 시대를 낳는다.

한갑수 선생은 조부의 뜻과 선비정신을 유지하면서 일제하 더욱 하기 어려운 사업을 통해 큰 부를 창출하고 이 富를 청년들과 선비정신을 지닌 분들이 뜻을 펼치는데 힘이 되어주었다. 이념편중의 시대 한 쪽에서 서서 평안한 길을 가지 않고 그는 좌우를 아우르려고 노력한 모습 특히 한청빌딩이 경계선에 있는 청년 문인들 좌파 예술인들의 아지트가 될 수 있도록 넓은 폭을 지닌 모습 같이 기억하고 싶어 기록한다.

30. 정주영의 미안한 러브

정주영은 53년 4월 대구 낙동강 고령교 복구공사에 참여한다. 이 공사를 성공해야 건설회사로 자리를 잡을 수 있기에 정주영은 총력을 다 했다. 그러나 처음 예측과 달리 홍수로 물이 불어나고 인플레이션으로 정부로부터 받은 돈의 두 배가 공사비가 들어야했다. 재정이 바닥나자 임금 미지불로 노동자들이 파업을 함으로 정주영은 심각한 위기에 빠졌다. 이때 돈을 빌려준 여인이 있었다. 과거 건설업은 더욱 갑의 위치에 있는 자들에게 요정 대접을 했는데, 정주영이 대접을 위해 찾은 요정을 경영하는 사람이었다. 정주영의 자금담당 오인보는 서울로 가서 요정 마담에게 긴히 자금을 차용했다.

마담은 오인보에게 정주영이 이번에는 직접 와 달라고 전했다. 그러나 미안한 마음을 지닌 정주영은 면목이 없어 그냥 오인보가 처리하기를 바랬는데, 이 여인은 정주영이 부탁한 것보다 세 배나 더 많은 큰돈을 보냈다. 요정 마담은 오인보에게 정주영에 주는 편지를 전했다. 마담은 '사장님 꼭 성공하고 앞으로 큰일을 많이 하세요'라고 편지를 썼다. 고마움을 느낀 정주영은 이 돈으로 밀린 임금을 다 지불했고, 결국 공사는 속도를 내어 완성되었고 이 일로 신뢰를 얻은, 정주영은 한강대교 공사를 맡게 되어 현대가 건설사 순위 7위로 자리를 잡았다.

마담은 얼마 후 자살을 했다. 마담은 정주영을 위해서 주변에 부탁해 계속해서 큰 빚을 내어 보냈고, 마담이 오히려 빚은 안고 자살함으로 정주영이 현대를 만드는데 숨은 큰 공을 세운 것이다. 자살 소식을 듣고 마담 장례식 장지에 다녀오면서 정주영과 오인보는 통곡을 했다. 낙동강 다리에 얽힌 흔하지 않은 마음이야기를 읽는다.

낙동강은 사랑이다

회룡포를 부른 원곡 가수 강민주의 책 '괜찮아, 노래하니까'를 읽었다. 회룡포는 예천의 자랑이다. 2005년 국가지정문화재 제16호다. 가을동화와 1박2일 촬영지로 유명한 이곳은 용이 날아오르는 것처럼 물을 휘감고 도는 곳이라 회룡포로 불려졌다. '사랑만해서 사랑할 것입니다' 강민주의 책에 나오는 내용이다. 강민주는 KBS 러브인 아시아를 보다 베트남아내와 사는 한국인 남편의 금술 좋은 부부를 보는데, 남편이 백내장과 합병증으로 눈이 멀자 아내와 함께 소원인 베트남 처가댁을 가고 싶은 남편의 소원을 듣고 방송국은 비용을 들여서 베트남에서 처가의 특별한 사랑을 받고 아내와 귀국한다. 기자가 귀국하는 공황에서 아내에게 앞으로의 계획을 묻는다. 좀 서툴지만 한국말로 그녀는 "나는 남편이 불쌍해서 사랑하지 않을 것예요, 사랑만해서 사랑할거예요"

한강과 낙동강은 물을 나눈 형제

태백산에서 두 강이 시작된다. 하나는 한강이고, 또 하나는 낙동강이다. 낙동강은 태백산에서 시작되어 영남 지방 전역을 유역권으로 남해로 흐르는 강이다. 남한 지역에 가장 긴 강이고, 한반도에서는 압록강과 두만강 다음으로 길다. 강원도 태백시 화전동의 매봉산 천의봉 너덜샘에서 발원하여 황지연못에서 경상북도 구미시를 지나 경상남도 창녕군을 지나서 부산으로 흐르다. 남해로 나가는 길이 510km의 긴 강이다. 낙동강은 옛날 내륙지방의 교통 동맥으로 되어 하안에는 하단·구포·삼랑진·수산·남지·현풍·왜관·낙동·풍산·안동 등의 선착장이 발달되었다.

안동소주와 처녀뱃사공

안동소주를 마시는 날이 있다. 그날 나는 낙동강의 미학을 그린다. 아직도 듣게 되는 노래 '처녀 뱃사공'은 이렇게 만들어졌다.

1954년 함안 남강에 군에 간 오빠를 대신해서 18살 이필남 아가씨가 사공 일을 했다. 이 모습을 보고 유랑극단 단장 윤부길이 사유를 물었다. 이필남은 오빠가 제대하면 어머니가 시집보내준다고 하였다. 딸만 4명을 낳은 부모는 아들을 낳기 위해 지극정성으로 공을 들였고, 아버지는 나루터 근처에 집을 지어 농사일을 함께 하며 살았는데, 아버지가 갑자기 돌아가시자 졸지에 홀어머니를 모시고 사는 처녀뱃사공이 됐던 것이다.

이필남은 "당시만 하더라도 어린 처녀가 뱃사공 일을 하는 것은 엄두도 못 내던 일이어서 고향마을이나 함안 악양 마을 등에서는 내가 처녀뱃사공으로 일한 것을 모르는 사람이 거의 없었다. 강 건너에서 돌아가신 아버지를 나룻배에 싣고 눈물을 흘리며 노를 저었다"고 했다. 이 사연을 후일 기억하여 윤부길은 한복남에게 작곡을 의뢰하고 황정자가 1958년 불렀다. 그러다 1976년 금과 은이 리메이크하면 국민가요가 되었다. 특별한 것은 이필남이 처녀뱃사공이었던 것이 부끄러워 자녀들에게도 이야기 하지 않았는데, 그 사연의 주인공이 다른 사람이 되었고, 공무원들도 자료 수집이 미흡해 노래비에 다른 사람이 들어갔고, 인터넷에도 온통 잘못된 내용이 도배되었다. 이필남은 "세월이 많이 지나 사실을 말하는 것이 부질없는 짓이라는 생각도 했지만, 후손들에게도 영원히 잘못 알려질 수 있다는 점에서 진실을 전하기 위해 마음을 먹었다"고 말했다.

윤부길(尹富吉, 1912~1957)은 경성전문음대(현 서울대) 출신이고, 한국 최초의 개그맨이고 작사, 작곡, 연주, 시나리오 집필, 희극배우 등의 뛰어난 재능과 기량을 지녔다. 재치와 유머가 좋은 그는 원맨쇼의 개척자이기도 했는데 당시 이쪽 환경은 생계를 잇기 힘들었고, 악극단을 꾸려서 전국 방방곡곡을 바람처럼 떠돌며, 그날그날의 삶을 연명하다가 45세에 영양실조로 운명했고, 아내 고향선은 무용가 최승희의 제자였지만 유랑연예인 남편을 만나 악극배우로 살았다. 그녀도 병을 얻어 동해안 묵호에서 객사했고 자녀는 윤항기, 윤복희다. 가수 황정자(1927~1968)는 천재소녀가수로 연주 능력도 뛰어났다. 이화자(1916~1950), 황금심(1912~2001) 등과 함께 3대 민요가수다. 32세의 발표한 '처녀뱃사공'은 가수 황정자의 위치를 최고의 자리에 올려놓았다. 그러나 황정자는 건강이 나빠져 기억상실증에 이상 증세까지 겹쳤다.

그녀의 존재는 사람들 기억에서 빨리 잊혀졌다. 정신요양원에 입원했고, 아무도 돌보는 사람 없이 운명했다. 무연고자와 같은 신세로 장지(葬地)를 향해 영구차가 떠나는 시간에도 뒤따르는 사람이 없었다. 발효란 곡식이 곡식을 떠나는 것이고 증류는 스스로 그 모든 것을 이슬로 만드는 것이다. 그래서 소주는 이토록 계속 살아남았고, 나의 해방일지에서 손석구가 파란 병에 지독히 빠졌나 보다. 나는 기도한다. 들어주시는 분이 들어주시든 아니든 관계없다.

남성은 화성에서 여성은 금성에서

가사노동에서 일반적으로 남성은 게으르고 여성들은 부지런하다. 남자들은 침대나 소파에 누워 일어나지 않는다. 이런 차이는 테라토스테론 호르몬 때문이다.

테라 호르몬은 개구쟁이 행동과 호기심을 부추기고 게으름과 귀차니즘을 발동시킨다. 테라 호르몬은 남성이 여성보다 열배가 많다. 테라 호르몬으로 인해 호기심이 생겨 동기부여가 되기에 사회 경제 성장의 에너지를 준다.

남편이 집에 오면 소파에 누워만 있기에 아내들은 투정을 하지만 남성들의 이런 게으름은 비상시 쓸 수 있는 에너지를 비축하는 행위다. 테라 호르몬이 적으면 우울감정에 잘 빠진다. 여성이 남성보다 훨씬 우울함을 갖는 이유다.

호르몬 중 행복감을 주는 옥시토신인데 남성들은 이 부분이 여성보다 많이 적다. 옥시토신은 친절과 배려를 함으로 타인에게 안정을 주고 자신은 행복감을 갖는다. 어머니들이 자식들 음식을 주며 느끼는 감정이다. 청결함으로 행복감을 갖는 것도 옥시토신 효과다. 반려견을 여성들이 남성보다 더 키우고 보호에 책임지는 모습이 이런 이유다. 반려견을 키울 때 여성들은 옥시토신이 발동되어 행복감을 갖는 이유다.

그런데 통계청 보고에 의하면 결혼해서 여자가 가사노동을 하는 경우는 99%이고, 남녀가 공평하게 가사노동을 하는 경우는 20%이하다. 아내 혼자 가사 노동을 하는 경우가 78%라고 한다. 희망적인 것은 이제 남자가 가사노동에 참여해야 하는 여론이 60%를 넘었다.

가사노동에 대한 교육과 인식의 변화를 한다면 더 좋아질 수 있다.

호르몬 차이니까 남자가 틀리고 죄의식을 갖게 하는 것이 아니라 가정을 사회로 보는 인식 전환이 있어야 한다. 특히 50세 중반이 되면 여성들은 신체 변화로 체력이 약해져서 가사일로 인한 스트레스와 우울감이 급히 올라간다. 잔심부름을 수시로 시키는 남성이나 자녀는 여성과 어머니에게 노동폭력을 주는 것이다.

혼불을 쓴 최명희 작가의 말이 떠오른다.

어둠이 빛보다 밝지 않다고 말할 수 없다. 난 이 말이 사랑은 어둠에서 일어나는 꽃이 아닐까 고백하게 된다.

전에 단풍객잔의 저자 김명리 작가와 대화하다 들은 말이 생각난다.

쇠뭉치를 선물로 받았으니 바늘이라도 만들어야 한다는 이야기였다.

31가지의 러브스토리를 쓴 이유는 사랑의 큰 선물을 받았기 때문이다.

31. 당신이 남겨야할 그 사랑이야기.....

늘 함께 움직여준 길 위의 인문학 벗님들이 있었습니다. 시절인 연을 통해 인연이 닿은 서울의 소리 초심 백은종 대표님의 넉넉한 배려가 있었습니다. 열린서원 이명권 박사님과 송경자 실장님의 격려가 있었습니다. 민들레영토를 기억해주는 분들, SNS로 소통을 나누는 온라인 동무들의 응원도 있었습니다. 이런 선물들을 늘 받으며 저는 넘어져도 일어나는 힘이 있었고 혼자여도 외롭지 않았습니다. 복잡함에서도 평안했습니다.

이 책은 제가 충무로에 5년 전에 이사 와서 독서하고 성찰한 인문학 가운데 가슴에 묵직한 것을 남게 한 31가지의 사랑의 명사, 사랑의 동사 이야기입니다. 이 책이 좀 알려졌으면 좋겠습니다. 잘 팔려서 출판시장에 대안이 되고, 세상이 보다 명쾌하면서 감동적이길 기대합니다.

사랑입니다
감사합니다
시작하겠습니다

사랑 31번지

지은이　지승룡(minto0420@naver.com)
기　획　길위의 인문학, 후원: 서울의 소리
발행처　열린서원
발행인　이명권(imkkorea@hanmail.net)
편집인　송경자(art6502@hanmail.net)
발행일　제1쇄 2024년 11월 9일
　　　　제2쇄 2024년 11월 20일

주　소　서울특별시 종로구 창덕궁길 117, 102호
전자우편　imkkorea@hanmail.net
등록번호　제300-2015-130호(1999년)

값 20,000원
ISBN 979-11-89186-67-8 03900